LINDA ZERVAKIS

ETSIKIETSI

AUF DER SUCHE NACH
MEINEN WURZELN

Rowohlt Polaris

Originalausgabe
Veröffentlicht im Rowohlt Taschenbuch Verlag,
Hamburg, September 2020
Copyright © 2020 by Rowohlt Verlag GmbH, Hamburg
Covergestaltung HAUPTMANN & KOMPANIE Werbeagentur, Zürich
Coverabbildung Elissavet Patrikiou
Satz aus der Apollo MT
bei Pinkuin Satz und Datentechnik, Berlin
Druck und Bindung CPI books GmbH, Leck, Germany
ISBN 978-3-499-63442-0

Die Rowohlt Verlage haben sich zu einer nachhaltigen Buchproduktion
verpflichtet. Gemeinsam mit unseren Partnern und Lieferanten setzen
wir uns für eine klimaneutrale Buchproduktion ein, die den Erwerb
von Klimazertifikaten zur Kompensation des CO_2-Ausstoßes einschließt.
www.klimaneutralerverlag.de

MIX
Papier aus verantwor-
tungsvollen Quellen
FSC
www.fsc.org
FSC® C083411

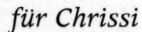

für Chrissi

Meine Mama, 1961

INHALT

PROLOG

Ich klebe an der Couch, knirsche, schmatze und furze vor mich hin. *So ähnlich klingt es zumindest, wenn ich mich auf dem in die Jahre gekommenen blauen Sofa auch nur leicht bewege. Etwas peinlich berührt schaue ich zum Studiotechniker und ziehe gleichzeitig meine Augenbrauen, Schultern und Arme hoch mit dem Gesichtsausdruck dieses unschuldigen Emojis, was ich immer dann im Messenger benutze, wenn ich keine Worte dafür finde, wieso, weshalb, warum. Sorry, kann ich ja nichts für den fiesen Schauer an diesem Septembertag, der mich ausgerechnet auf dem Rad überrascht hat. Dabei war der Sommer in Deutschland ausnahmsweise gigantisch. So trocken und heiß, dass ich schon seit Wochen nicht mehr auf den Sechs-Tage-Wetterbericht auf dem Handy geschaut habe. Nur im Urlaub in Volos habe ich es*

trotzdem getan, weil der Vergleich mit dem deut-
schen Mistwetter die Reise nach Griechenland
normalerweise zu einem ganz besonderen Erleb-
nis macht. Dumm nur, wenn die Temperaturen in
Mümmelmannsberg höher sind als auf dem Olymp.
«Diese Jahr? Alles verruckt», kommentierte mei-
ne Mama die Lage unterm Schirm, als es am Mit-
telmeer plötzlich zu schütten begann. In Hamburg
ist das ganz normal. Eigentlich. Deshalb ist die
Vorhersage für Radfahrer, wie mich, ja auch so
überlebenswichtig wie der Schulterblick. Heute
habe ich dummerweise eine Wolkenfront überse-
hen. Für fünf Minuten lag die Regenwahrschein-
lichkeit zwischen Falkenried und Klosterstern bei
100 Prozent. Intensität: stark. Und ich auf mei-
nem Weg vom Fernsehstudio in Lokstedt zum Ra-
diostudio an der Rothenbaumchaussee mittendrin.
Jetzt klebt meine Jeans an der Kunstledercouch,
meine Haare plustern sich langsam auf. Ich ver-
treibe mir die Zeit und blättere mit klammen Fin-
gern in einem bunten Heft, in dem ich nach einigen
Seiten ein Hochglanzfoto von mir finde, ordentlich
geschminkt und mit glatt gebügeltem Haar.

Ich bin also bi. Ganz interessant, was ich so
über mich in der Zeitung lese. Also ... bikulturell.
Das klingt nicht nur bescheuert, es fühlt sich auch
genauso an. Wirklich lesen, nicht nur überfliegen
und blättern, ist zu anstrengend, die Frühschicht
hat einfach zu früh begonnen. Es ist kurz vor zehn,

eigentlich habe ich schon seit einer Stunde Feierabend. Um 4 Uhr 30 saß ich für das «Morgenmagazin» bereits in der Tagesschau-Maske. Im MoMa werden die Nachrichten alle 30 Minuten ausgestrahlt, sodass es wieder und wieder heißt: «Guten Morgen, meine Damen und Herren. Nazis marschieren in Chemnitz, die Lage in Syrien spitzt sich zu, und Trump tobt auf Twitter. Damit zurück zu den Kollegen nach Köln.» Jetzt sitze ich hier, ein paar Studios und Stadtteile weiter, und warte auf ein Interview. Das Studiogelände liegt mitten in einer noblen Hamburger Gegend. Wer hier wohnt, hat es zu etwas gebracht, also strategisch klug geheiratet oder geerbt.

Irgendwo im Raum vibriert mein Handy. Vier Klingeltöne lang habe ich Zeit, das Rennen gegen den Anrufbeantworter zu gewinnen, eine Art Topfschlagen 2.0. Der erste Schlag trifft reflexartig auf die Jacke. Kalt. Vielleicht in der Handtasche? Wärmer. Blick in die Innentasche. Heiß. So schnell ich kann, öffne ich den Reißverschluss und berge das brummende Gerät aus dem ganzen Kruscht: Schlüssel, Lippenstift und Kaugummi. Zu spät. Ein Anruf in Abwesenheit, der Anrufer hat keine Nachricht hinterlassen, sein Anliegen war offenbar nicht so wichtig. Ein Blick raus in den Park sorgt für einen schönen Kontrast zum überdrehten Nachrichtengeschäft in der ziemlich mitgenommenen bunten Zeitung und den Misstönen um Mesut Özil. Ja, erwischt, ich konnte mir doch nicht verkneifen, aufmerksam zu lesen. Der Kolumnist fordert in seinem Beitrag zur Debatte, «wir» sollen endlich entscheiden, wo wir hingehören. Schwarz-Rot-Gold kommt mir in diesem Moment nicht mehr bunt vor, sondern sehr einfarbig.

Eine schneeweiße Jugendstil-Villa schlummert vor dem Studiofenster hinter riesigen Rhododendron-Büschen, die schon lange nicht mehr blühen. Sogar das Eichhörnchen hält die Idylle nicht länger aus und lässt seine Vorrats-Haselnuss auf den nassen Rasen fallen. Danach beschleunigt es wie ein Elektroauto und flieht mit einem großen Satz in den Garten der Nachbarvilla. Der Sommer ist vorbei. Schade.

Ich muss noch etwas bleiben. Für mich ist heute das Studio eins gebucht. Was nach erster Klasse klingt, ist in Wahrheit eine kleine Aufnahmekabine mit dem Charme einer fensterlosen Abstellkammer.

Eineinhalb Kaffee später öffne ich die schwere Tür zum Studio. Meine Stimmung hat sich mittlerweile der grauen Wandverkleidung angepasst. Das kalte Metall ist zugunsten der Akustik gelöchert. Ich streife überdimensional große Kopfhörer über. Für einen Moment ist es mucksmäuschenstill, bin ich völlig abgeschlossen von der Außenwelt.

In wenigen Sekunden beginnt das Radiointerview zu einem Literaturfestival in der Eifel. Auch Jahre nach der Veröffentlichung meines ersten Buches gibt es noch Fragen zur «Königin der bunten Tüte». Ich trinke nebenbei den dritten Kaffee. Mehr aus Gewohnheit, vielleicht auch gegen den Durst. Das Koffein wirkt nicht mehr, das Gehirn läuft nur noch auf Sparflamme. Der Magen sendet ein Lebenszeichen. Das Gluckern klingt durch den Kopfhörer noch lauter, als würde ein Terrier ins Mikrophon knurren.

«Grüß Gott!», bellt mich eine Frau mit für diese Uhrzeit viel zu hoher Stimme an.
«Guten Tag, meine Damen und Herren!»
Keine Antwort. Ich räuspere mich und zähle bis drei. Das ist das Erkennungszeichen für die Technikerin am anderen Ende der Leitung.
«Könnet Sie uns höre, Frau Zervakis?»
«Hören schon, aber nicht verstehen», erwidere ich und schicke meinen ersten Lacher über das Mikrophon per Standleitung nach Stuttgart.
Wieder Stille. Keine Reaktion aus dem Ländle.
Jetzt hilft nur noch kaltes Leitungswasser, um wach zu bleiben. Ich spitze meine Lippen und ziehe sie danach wieder ganz breit auseinander.
«X-O-X-O-X-O.»
Keiner bemerkt meine Sprechübungen, ist ja nur

ein Radiointerview. Meine dicke Morgenmagazin-schminke aus der Frühschicht habe ich deshalb auch im Studio Lokstedt gelassen. Ich kann meine Gesprächspartner in Süddeutschland ja auch nicht sehen, stelle mir die Arbeitsatmosphäre in ihrem Studio aber sehr ... gemütlich vor.

«*So, ich stell dann ins Stuuudio.*»

Die Dame bemüht sich jetzt doch, Hochdeutsch zu sprechen, indem sie noch lauter, dafür aber langsamer spricht, und dabei jede Silbe künstlich in die Länge zieht. Nur den Singsang kann sie nicht abstellen. Die Vokale fahren mit der süddeutschen Satzmelodie jetzt Achterbahn und lullen mich beinahe endgültig ein. Nach Musik von Phil Collins, Robin Schulz und den Bee Gees ist mein Puls im Keller.

«*Herzlich willkommen*», *begrüßt mich der Moderator mit seiner warmen, tiefen Radiostimme.*

«*Vom Kiosk in die Tagesschau und heute bei uns im Interview.*»

In der Vorstellung rollt er mir den roten Teppich aus, um ihn mir dann mit der ersten Frage gleich wieder wegzuziehen.

«*Wenn Sie sich für einen Pass entscheiden müssten, was viele Politiker gerade fordern: griechisch oder deutsch?*»

«*Schicken Sie die nette Kollegin doch erst mal zum Deutschkurs*», *denke ich mir spontan, drücke mich aber diplomatischer aus.*

«Ich fühle mich wie Gyros mit Bratkartoffeln.»
Stille in der Leitung.

«Ich bin Europäerin», schiebe ich nach, um dann einmal mehr über das Glück zu berichten, stundenweise bei einer deutschen Tagesmutter aufgewachsen zu sein. Tante Toni verdanke ich meine akzentfreie Aussprache – und noch einiges mehr.

«Sie wurden als erste Tagesschau-Sprecherin mit Migrationshintergrund gefeiert ...»

«Ich mag dieses Wort nicht. Es ist wie ein Schatten, der hinter mir herläuft. Früher, in der Schule, war das nie ein Thema, da ging es um den Menschen.»

«Hat Ihnen die Arbeit im Kiosk auch etwas gegeben?»

«Der Kiosk ist eine gute Schule fürs Leben. Man lernt da auch, Vorurteile abzulegen.»

«Sie standen bis zu Ihrem 28. Lebensjahr selber regelmäßig sonntags hinter dem Kiosktresen Ihrer Mutter. Gab es Stammkunden, die sich Ihnen besonders eingeprägt haben?»

«Der Stinker roch streng – aber wenn man ihn näher kennengelernt hat, hat man gemerkt, dass er nicht verkehrt ist. Und Johnny, der ein Spinnennetz ins Gesicht tätowiert hatte – war eine liebe Seele.»

Drei Anekdoten später ist es so weit, das Interview ist beendet.

«War sehr nett mit Ihnen», verabschiedet sich

der Radiomoderator höflich und legt zum Abschied noch einen Titel von Sandra auf.

«Hat doch subber geklappt. Tschüsle», singt die Stimme aus dem Off nahtlos weiter. Ich kann nicht mehr. Was für ein grandioser Remix: Sandra featuring schwäbische Sekretärin.

«Immer wieder gerne. Schönen Tag noch.»

Die Musik von Sandra läuft in meinem Kopf weiter, der Ohrwurm begleitet mich noch bis zur Bushaltestelle und versetzt mich für einen Augenblick zurück in die achtziger Jahre. In meinem Inneren spielen unglaubliche Szenen. Mit großen Schritten spule ich mein Jazzdance-Programm zur Melodie mit dem Plastik-Sound ab, mit Stulpen über den Leggins tanze ich durchs Studio, ein pinkfarbenes Stirnband hält meine wilde Mähne aus dem Gesicht. So bin ich aufgewachsen. Und zwar in Deutschland.

Beim Blick auf die anderen Fahrgäste denke ich noch mal über diese fiese Frage nach: Warum soll ich mich eigentlich für einen Pass entscheiden? Und wie soll das in der Praxis bitte schön funktionieren? Ich sehe mich ein paar Haltestellen weiter schon beim Einwohnermeldeamt aussteigen. In meinem Tagtraum taucht plötzlich ein Fragebogen mit animiertem Bundesadler auf.

«1, 2 oder 3 … Du musst dich entscheiden, drei Felder sind frei …»

o...
o...
o...

«Bonusfrage: Mit welchen Präsidenten
möchten Sie gerne ein Foto machen?
Nur eine Antwort ist möglich!»

....

Wichtig: Denken Sie bitte unbedingt
daran, alles zu entsorgen, was fortan nicht mehr zu Ihrer Nationalität
gehört.
(Beispiel: Musik von Sandra kommt
in die gelbe Tonne, Alben von Mikis
Theodorakis gehören in die grüne
Tonne.)

*Schlafmangel kann einen ganz schön abdriften
lassen. Ich hole tief Luft und steige um.*

«Sind Sie nicht … die Frau aus der Tagesschau?»
*«Ja, das bin ich. Lustig, dass Sie mich erkannt ha-
ben, ich erkenne mich nämlich heute selbst nicht!»*

«Sie fahren noch mit dem Bus?»

«Ja, möchten Sie sich setzen?»

Vornehm hanseatisch bedankt sich die ältere Dame und lächelt, danach mustert sie mich, leicht irritiert über die unerwartete Begegnung, und schweigt. Gediegen, zurückhaltend, alte Hamburger Schule. Sie trägt eine dunkelblaue Steppjacke. Die graue Kaschmirmütze sitzt wie eine Krone auf ihrem silbernen Haar. Ihre gepflegten Hände klammern sich am Holzgriff ihres karierten Regenschirms fest. Perfekte Haltung, Hände immer eingecremt und die Nägel ganz unauffällig lackiert. Mich gibt es heute leider nur ungeschminkt im HVV. Die Linie 5 zählt zu Europas vollsten Buslinien. In den großen XXL-Bussen kann ich wunderbar abtauchen. Mit meiner rechten Hand versuche ich dabei, einen freien, grauen Plastikgriff an der Decke zu angeln. Wie ein Affe hangle ich mich mit einem Arm bis zum Ausgang und aktualisiere mit meinem linken, trainierten WhatsApp-Daumen Termine (Elternabend-Sendung-Sendung-Mama-Sendung). Während ich mit links mein Leben organisiere, synchronisiert mein Kalender in Echtzeit die neuen Einträge und schlägt mir gleichzeitig vor, statt der S31 die S3 zu nehmen. Nächster Halt: Dammtor.

Auf den Bahnsteigen Richtung Harburg verändert sich die Kleiderordnung. Die Bomberjacken-

dichte nimmt allmählich zu. Auch ich trage eine grüne, dazu Jeans und weiße Turnschuhe. In meiner Straßenuniform spricht mich eigentlich selten jemand an. Die Fernsehzuschauer erkennen mich vielleicht im schwarzen Hosenanzug oder mit knalligem Blazer und offenem, glatt geföhntem Haar. Aber nicht mit einer bunten Mütze und Zopf.

Die Bahn überquert die Alster, laut HVV-App sind es noch 19 Minuten bis zu meiner Mama Chrissi und ihrer frisch gebackenen Pita. Ich freue mich sehr auf das Backblech mit Schafskäse. Das Rezept verrät Muddi nicht, sonst würde ich nicht mehr häufig genug vorbeischauen, fürchtet sie. Hinter den Gleisen verschwindet derweil die Hafencity, die sich mit jeder Fahrt ein kleines bisschen verändert. Mit jeder weiteren Station Richtung Harburg ändert sich auch der Slang.

«Was los, Digger?»

«Voll krass, Digger!»

«Ey Mega, Digger!»

Eine vierköpfige Gang kommt nicht auf die Idee, für eine ältere Frau wie mich aufzustehen. Zumindest qua Wortschatz sind sie noch lange nicht volljährig, haben aber schon Ansprüche wie CEOs kurz vor der Abfindung.

«Isch würde meinen Jaguar F-Type schwarz matt lackieren. Auch die Felgen, Digger.»

«Alter, ich lass meinen Smart von AMG tunen

mit 180 PS, von null auf hundert in fünf Sekunden.»

«Digger, dafür hast du keine Kohle!»

«Alter, geh ich nach Syrien, die zahlen gut.»

Jeder Satz kommt wie aus der Pistole geschossen. Bevor das Abteil in die Luft fliegt, muss ich leider schon wieder aussteigen und die Rolltreppe zum Rathausplatz nehmen. Endlich wieder frische Luft.

Und auch schon wieder eine Nachricht auf der Mailbox.

«Linda?»

Pause. Eine Oktave höher und noch lauter.

«Linda?»

Die Mailbox hat in 39 Sekunden gerade mal zwei Worte und ein seltsames, dumpfes Geräusch festgehalten. Was war da los? Sturz oder Überfall? Ich beeile mich auf den letzten Metern zu Chrissi besonders und öffne eilig die Tür.

«Mama?»

Pause. Eine Oktave höher und noch lauter:

«Mama?»

Ich ertappe das vermeintliche Opfer regungslos vor dem geöffneten Ofen, das Backblech hat sich wohl verhakt. Es folgt ein lauter Schrei, Muddi springt auf wie bei der Prüfung zum Sportabzeichen, weil sie die Topflappen vergessen hat und fällt mir anschließend in die Arme.

«Bist du schon lange da?»

«Gerade gekommen.»

«Ich hör doch so schlecht, komm setz dich hin und iss erst mal was. Ich habe eine Überraschung.»

«Sieht aus und riecht wie immer.»

«Ich bin fertig.»

«Die Beine oder der Magen?»

«Nix da.»

«Was dann?»

Meine Mama steht wortlos auf und holt ein Notizbuch aus der Schublade. Was mag das wohl sein? Überreicht sie mir nach Jahren erfolglosen Bittens vielleicht endlich ihr Pita-Rezept?

«Bitte schön, meine Leben», sagt sie nur und drückt mir mit einem verschmitzten Grinsen die Kladde in die Hand.

Ich bin jetzt restlos verwirrt, lasse mich auf den nächstbesten Stuhl sinken und blättere durch die handgeschriebenen Aufzeichnungen. Die Erinnerungen meiner Mutter. Von der Kindheit in Griechenland bis zur Gastarbeiterin in Deutschland. Ich weiß tatsächlich kaum etwas darüber, wie Mama aufgewachsen ist und welche Rolle Deutschland schon damals für sie gespielt hat, lange bevor sie ihren Koffer gepackt hat und als Gastarbeiterin in eine Fahrradfabrik nach Quakenbrück kam. Ich darf nun als Erste darüber lesen, noch vor meinen Geschwistern. Eigentlich ein

großer Moment, doch sie nimmt mir ihre Lebens-
geschichte gleich wieder ab, legt sie mit einem ent-
schiedenen «Später, später» zur Seite, und so sind
wir schnell wieder beim aktuellen Tagesgeschäft:
Essen und Sorgen.

«Du hast gut ausgesehen heute früh in Fernse-
hen. Nicht so wie eine Zigeunerin.»

«Mama, das darfst du nicht mehr sagen.»

«Wieso?!»

Nach einigen praktischen Lektionen über ge-
sunde Ernährung (Mama) und politisch korrektes
Sprechen (ich) packe ich gespannt Mamas Leben
ein und verabschiede mich in Richtung Haltestel-
le. Aus der S-Bahn beobachte ich in der Däm-
merung die bunten Farben. Im neuen Spiegel-Ge-
bäude brennt in vielen Büros noch Licht, auf den
Hotelbaustellen ist dagegen schon Feierabend.
Große Baumaschinen hängen am Kran und er-
schweren den Blick auf die Elbphilharmonie, in
deren Dachfenstern sich die Abendsonne wie eine
Discokugel spiegelt. Zu diesem einzigartigen Bild
des Hamburger Hafens gehören auch die Front-
scheinwerfer und die Bremslichter, die der Elb-
tunnel auf der einen Seite verschluckt und auf der
anderen Seite neben den Containerburgen aus-
spuckt. Hier blinken die gelben Warnlichter der
Hafenkräne schon seit über 40 Jahren rund um
die Uhr. Genauso lange fahre ich schon über die
Elbe. Das Wasser fließt nach wie vor langsam

Richtung Meer, irgendwie beruhigend. Aber: Was steht nur in dem Buch? Keine Ahnung. Irgendwie beunruhigend.

TEIL 1

KAPITEL 1

WURZELBEHANDLUNG

Mir wird schwindelig. Bitte nicht jetzt. Einfach Luft anhalten und weiterlaufen bis zur nächsten Tür. Geschafft. Ich kann mich gerade noch auf einen freien Bürostuhl retten und atme tief durch. Mein Sessel in der Maske ist besetzt von irgendjemandem, der sich für eine Frisur im Gesicht entschieden hat. Obenrum ist bei ihm alles wegrasiert, mehr kann ich von hier aus nicht erkennen. Ich schließe für einen Moment die Augen. Ich versuche, meine weißen Turnschuhe auf der Plastikkante des braunen Papierkorbes zu parken, ohne ihn dabei umzuwerfen. Der Mülleimer ist genau die richtige Ablage für meine Gummibeine. Auch meine Nackenmuskulatur ist plötzlich wie ausgeschaltet und lässt dadurch automatisch meinen Kopf nach hinten sacken. Ich bin übermüdet: das Tagebuch, der Alltag, der Schichtdienst – büschen viel.

«Alles gut bei dir?», fragt mich die Maskenbildnerin Steffie, während sie dem Kollegen die Glatze abpudert. «Etsikietsi, so lala», denke ich, hebe aber wortlos den Daumen und massiere mit der anderen Hand den kalten Schweiß in den Nacken. Dabei versuche ich mich an den Namen des vollbärtigen Reporters zu erinnern, der vor kurzem noch ein Volontariat gemacht hat und jetzt schon ganz selbstbewusst und souverän die Kulturnachrichten im Studio präsentiert.

Während ich mich vergeblich bemühe, mich zu entspannen, fangen die beiden anderen im Raum plötzlich an zu kichern. Klebt da etwas im Haar, habe ich vielleicht Zahnpasta im Gesicht oder mich unbemerkt auf ein Pupskissen gesetzt?

«Habt ihr hier etwa einen durchgezogen?», frage ich mit geschlossenen Augen und schnuppere dabei wie ein Schäferhund vom Zoll bei einer Routinekontrolle.

«Alles entspannt, mein Schatz, da waren gerade so ein paar Rapper zum Interview. Weißt Bescheid.»

Steffie macht einen Schritt zur Seite, stemmt einen Arm in die Hüfte und präsentiert ihr Schminkwerkzeug wie eine Pistole.

«Hauptsache, ich bekomme von der dicken Luft hier keine roten Augen, Alter!»

«War ja nicht der Wu-Tang-Clan, sondern nur die Antilopen-Gang. Ich mach das Fenster mal kurz auf Kipp.»

Die frische Luft wirkt sofort, jetzt endlich habe ich meinen Namens-Flashback: Es ist Torben. Steffie kontrolliert ein letztes Mal seine Verkleidung. Weißes Hemd, blaues Sakko, Vollbart. Alles sitzt. Bevor Torben im kühlen Studio verschwindet, bedankt er sich mit einer Ghettofaust bei der Maskenbildnerin für die gute Zeit. Noch bevor ich Platz nehmen kann, öffnet sich die Tür erneut, und Torben guckt um die Ecke.

«Ich sag der Regie Bescheid, sie sollen einen Zwinkersmiley als Hintergrundgraphik vorbereiten, falls du nachher umkippst.»

Irgendwie habe ich das Gefühl, ich werde hier gerade verarscht, und gleich gibt es einen Blumenstrauß vom Team der «Versteckten Kamera». Doch stattdessen bekomme ich nur eine Überdosis Haarspray und verschwinde unter der Chemiewolke, die aus meiner Krause eine glatte Matte macht. Mein Körper ist offenbar schon auf den Geruch konditioniert, so langsam springen meine Synapsen wieder an – mein Puls hat ja noch 90 Minuten Zeit bis zum Gong.

Für mich ist die Tagesschau um acht so etwas wie ein großer Gottesdienst. Jeden Tag. Ganz egal, wie oft das Handy tagsüber schon vibriert hat, Computerstimmen, Termine und Routen vorgegeben haben und zwischendurch ein fast leerer Akku einen in Panik versetzt hat. Pünktlich um 20 Uhr ist die Welt dann wieder in Ordnung, auch wenn es ihr in Wahrheit gerade wieder nicht so gut geht. Dann ist für eine Viertelstunde alles ganz routiniert.

Die heiligen Hallen sind bei uns sehr schlicht gehalten. Grauer Teppich, grauer Beton, seriöser Jargon. Statt eines Kruzifixes hängt ein riesiger Roboterarm von der Decke. Gesteuert wird er von der Regie, die nebenbei noch circa tausend Scheinwerfer an- und ausknipst. Ein großer Vorteil: Im grellen Licht verschwinden die Falten, die meisten zumindest. In der Frontalen ist auch meine kleine Wampe fast nicht mehr zu sehen. Deshalb fühle ich mich vor der Kamera eigentlich ganz wohl, auch wenn die Nachrichtenlage meist schlecht ist.

Während die Redaktion klärt, ob der Beitrag des Korrespondenten rechtzeitig für die Sendung um 20 Uhr überspielt werden kann, lese ich die bereits fertig formulierten Nachrichten schon mal ein, damit ich mich in der Live-Sendung nicht verspreche. Die einen kümmern sich also um Text und Bild, überprüfen die Nachrichtenquellen, recherchieren rund um die Uhr und übersetzen die komplizierten Botschaften in klare Sätze. Ich trage die Nachrichten dann vor, seriös, neutral, hanseatisch.

Als der Grexit drohte, waren griechische Minister ständig in der Tagesschau. Die Bilder von Rentnern, die kein Geld für die Miete oder ihre Arzneimittel hatten, nahmen mich sehr mit, ohne dass ich mir das anmerken lassen durfte. Ähnlich ist es heute, wenn es immer noch um die Flüchtlingslager auf Lesbos geht, deren Lage an diesem Tag so katastrophal ist, dass die Redaktion sich für eine Off-MAZ entscheidet. Das bedeutet, dass wir keinen Beitrag eines Korrespondenten senden, der etwas erklärt, sondern stattdessen Bilder zeigen, die mit einer live vorgetragenen Nachrichtenmeldung unterlegt sind.

«Was für eine Sch…, rafft ihr es eigentlich gar nicht?», beende ich die Nachricht über ein Feuer in einer überfüllten Notunterkunft gedanklich. Dieser Satz steht so natürlich nicht in meinem Skript, ich werde ihn also auch nicht aussprechen und bediene stattdessen das Fußpedal für die nächste Meldung, die ich routiniert wie immer mit einem Lächeln beende. Die Lottozahlen. Sie lauten:

«4, 7, 11, 33, 38, 39, Superzahl 9, alle Angaben sind wie immer ohne Gewähr.»

Mein sonst strenger Blick verwandelt sich rechtzeitig zu einem Zwinkersmiley, und ich verabschiede mich von den Zuschauern. Pünktlich um 20 Uhr 15 übernimmt Florian Silbereisen mit den Schlagerchampions.

Müde und erschöpft sitze ich ein paar Stunden später – nach Tagesthemen und Redaktionskonferenz – endlich auf meiner Bettkante und knipse die Nachttischlampe an. Ist der Wecker gestellt? Flugmodus aktiviert? Und was ist jetzt eigentlich mit Mamas Memoiren?

Ich bin viel zu neugierig, um jetzt einzuschlafen, und vertiefe mich in die ersten Seiten, die gleich mit einem ziemlichen Hammer beginnen: «In meinem Kopf spielen sich Träume ab, die ich noch keinem erzählt habe», las ich da in Mamas fast mädchenhafter Handschrift, die ich sonst vor allem mit Einkaufszetteln und Urlaubskarten in Verbindung bringe.

Gleich der erste Satz ihrer Aufzeichnungen beschleunigt also meinen Puls.

Dass ich in Harburg aufgewachsen bin, habe ich ja schon erzählt. Aber wo komme ich eigentlich her? Papou und Yiayia nennt man in Griechenland die Großeltern, also Opa Kostas und Oma Sofia. Gerade Sofia scheint so freundlich, still und zurückhaltend gewesen zu sein, dass selbst ihre Kinder nach all den Jahren nur noch ein vages Bild von ihr haben. Und die beiden selbst kann ich leider nicht mehr fragen, aber ich werde sie jetzt auf den nächsten Seiten hoffentlich doch noch besser kennenlernen.

Viel zu wenig weiß ich über unsere Familiengeschichte in Griechenland. Kein Wunder. Für private und gar intime Fragen an meine Mama fehlte in all den Jahren zwischen Zitronensuppe, Hähnchenschenkeln (nach dem Original-Rezept von Tante Irini. Ein Huhn wird mit Kartoffelspalten für zwei Stunden in einem Sud aus Zitrone, Olivenöl, Knoblauch, Zwiebeln und selbstgepflücktem Oregano in den Ofen geschoben.) und griechischem Mokka meistens die Zeit. Zumindest habe ich mir das immer eingeredet. Vielleicht habe ich mich einfach nicht getraut, Mama zu fragen, wenn wir dann vom Tisch aufgestanden sind und das Geschirr von Hand abgespült haben, weil eine Spülmaschine das ja nicht annähernd so gut hinbekommt wie Chrissi persönlich. Eigentlich wollten wir dann ja auch leise sein, weil meine Brüder nach dem Essen ein ganz anderes Familienritual pflegen: Sie ziehen sich auf das Sofa zurück, strecken die Beine aus und machen unserer Mutter das größte Kompliment nach der Mahlzeit – sie schlafen auf der Stelle ein. Also bitte nicht stören.

Komisch. Dabei müsste doch jedes Familienmitglied wissen wollen, was im Leben von Opa Kostas passiert ist, dass wir heute nicht mehr auf der kargen Halbinsel Peloponnes unseren Mittagsschlaf unter einem Olivenbaum abhalten, während sich die Felsen aufheizen, die Energie der Sonne für die Nacht speichern und dabei frische, kühle Luft vom Meer ansaugen. So einen erholsamen Mittagsschlaf, bei dem der Wind die Blätter rascheln lässt und nur zirpende Grillen die Ruhe unterbrechen, gibt es in ganz Europa nur noch ganz selten.

Die Geschichte von Kostas, dem Vater meiner Mutter, dreht sich tatsächlich um einen Olivenbaum und lässt mich gleich träumen. Die Olivenernte im kleinen Dorf Kalithea in Peloponnes entschied darüber, ob eine Familie gut über den Winter kommen würde. Auch auf der griechischen Halbinsel können die Winter bitterkalt werden. Das vergesse ich gerne in meinem gemütlichen Bett, während die Fußbodenheizung automatisch vom Tag- auf den Nachtmodus umschaltet. Ein unvorstellbarer Luxus für meinen Großvater. Seine Familie besaß gerade mal ein paar Ziegen und ernährte sich ansonsten von Obst und Gemüse aus dem Garten, es gab Kartoffeln und Auberginen, wilde Kräuter, wilden Spinat und Rübsamen vom Wegesrand. Insgesamt war der Besitz auf dem griechischen Land in den zwanziger Jahren des vergangenen Jahrhunderts also sehr übersichtlich. Unter den Olivenbäumen war das Gras spätestens ab Juni vertrocknet, die Ziegen und Hühner waren dann den ganzen Tag über auf der Suche nach Futter. Den Menschen ging es ganz ähnlich, und das – übers Jahr betrachtet – fast immer. Griechenland war bitterarm und hatte gerade erst den Krieg gegen die Türken verloren. Die griechische Bevölkerung war nicht mehr ganz so stolz auf ihre bewegte Geschichte, die Not nagte am Selbstvertrauen. Die Dauerkarte für Tragödien hinterließ viele Narben, Witwen und Waisen. Nachdem der Krieg verloren und die großen Feuer gelöscht waren, stapften viele auf der Suche nach einer neuen Heimat orientierungslos durch die Asche. Allein durch den Vertrag von Lausanne war schätzungsweise jeder vierte Grieche auf der Flucht. Eine halbe Million Muslime musste zurück in die Türkei, gleichzeitig machten sich rund anderthalb Millionen Orthodoxe auf den Weg nach Griechenland. Viele starben bei dieser brutalen Umsiedlung.

Mein Großvater ist in dieser schwierigen Zeit aufgewachsen und hat sein Heimatdorf freiwillig verlassen, um woanders eine Ausbildung zu erhalten. Auf diesem Weg ist er auch vielen Flüchtlingen begegnet. Ich bin neugierig, welche Chance ihm das Leben gegeben hat, und schenke mir noch eine Tasse Bergtee von meiner Tante Irini ein. Einmal im Jahr schickt sie uns ein Paket aus ihrem Heimatdorf Farkadona in Trikala. Darin ist selbstgemachte Seife aus Olivenöl, ein Glas Honig vom Nachbarn und eine Tüte mit getrockneten Salzflocken aus dem Mittelmeer. Die kleinen Schätze sind liebevoll in selbst bestickte, weiße Stofftücher gewickelt. Damit auf dem Postweg auch ja nichts kaputtgeht, wird das Paket mit feinen Kräuter-Säckchen gut ausgepolstert, geerntet im Garten oder in den Bergen und in der Sonne getrocknet. Es riecht also immer sehr intensiv, wenn wir die Kiste öffnen. Ich muss sie, wenn ich mich das nächste Mal für ihre Gaben bedanke, auch unbedingt fragen, was Tante Stavroula macht.

Kostas jobbte zunächst als Erntehelfer auf einer Zitronenplantage und nutzte nach einem Monat die Gelegenheit, um mit etwas Geld in der Tasche den Sprung von der Halbinsel Peloponnes aufs Festland zu wagen: erst mal in den Hafen von Piräus, wo Fischkutter und Containerschiffe vor Athen landeten. Sehr schnell lernte er, wie ein Hafenkran zu bedienen war, vor allem aber, was man tun musste, wenn sich eine Kette verhakte: Er war begnadet darin, Maschinen zu reparieren. Die anderen Hafenarbeiter riefen immer dann nach Kostas, dem Mechaniker, wenn mal wieder eine Kurbel klemmte. Auch bei den Schlägereien in den Hafenbaracken war seine Rolle schnell geklärt: Er konnte besser schlichten als kämpfen. Weil er abends keine Lust mehr auf Krawall und Streitereien hatte, zog er sich zurück in sein Baracken-Stockbett und versuchte zu lernen, bis ihn der Schlaf übermannte. Nach einiger Zeit wollte er dem Lärm und Geschrei der Hafengegend wirklich entfliehen und mietete seine erste eigene Unterkunft − direkt über einer Taverne. Die Besitzer, Familie Stamoulaki, vermietete auch Einzelzimmer. Sie waren ganz schlicht ausgestattet mit einem Bett und einem Stuhl, nicht größer als sieben Quadratmeter. Sie boten genug Platz für Durchreisende, Handlungsreisende, aber auch für Hilfsarbeiter, die im Hafen etwas Geld verdienen wollten. Auch in der Pension war das technische Geschick von Kostas die Eintrittskarte für einen längeren und komfortableren Aufenthalt. Er reparierte kaputte Türen und defekte Schalter schnell und günstig. Im Gegenzug hob ihm die Wirtin, die sich um ihn sorgte und befürchtete, dass er seine Zeit, sein Talent und vor allem all seine Kraft auf den Baustellen ließ, meist einen Teller Kichererbsen-Suppe auf, mit etwas Glück auch mal gekochtes Ziegenfleisch mit Kartoffeln. Kostas war darüber froh und dankbar. Seine Einnahmen von der Baustelle gingen zur Hälfte für die Miete drauf, ein Großteil für die Verpflegung, und den Rest sparte er in einem Lederbeutel, den er immer bei sich trug und gut versteckte.

Die Taverne war ein guter Ausbildungsplatz für das Leben und die weite Welt, sie lockte auch immer wieder Geschäftsleute aus aller Herren Länder von den

Kaimauern an die Tische. Und so lernte Kostas bei einem Teller Tarama wohl einen Amerikaner kennen. Das ist eine geräucherte Fischrogencreme, die hellrosa leuchtet und mit frischer Petersilie besonders lecker schmeckt. Bei dem Gedanken an eine Portion höre ich meinen Magen knurren, drehe mich zur Seite, schlafe sofort ein und träume von einer gemischten Vorspeisenplatte.

KAPITEL 2

UNTER KARTOFFELN
(PIRÄUS, 1930–1943)

Der Weg war frei für Kostas: Er hatte eine Sechs gewürfelt und war damit unbesiegbar. Hans Miller gestand die Niederlage ein, räumte seine Steine weg und erhob sich von seinem Stuhl. Der kleine, quadratische Holztisch, an dem sie sich ihr Duell geliefert hatten, stand in einer der vielen Holzhütten in Drapetsona, dem bunten Viertel im Hafen von Piräus, das langsam in warmes, rotes Licht getaucht wurde. Hans und Kostas liebten diesen Moment am Ende eines harten Arbeitstages beide sehr. Viel mehr brauchten die beiden Männer nicht zum Glück: Sie hatten genug Platz auf dem quadratischen Tisch, um die verzierte Holzkiste aufzuklappen und dann, in aller Ruhe, die schwarzen und weißen Spielsteine aufzubauen. Drei, fünf, zwei.

Die Aufstellung beim Tavli war zu Beginn immer identisch und folgte stets dem gleichen Muster. So blieb sogar noch genug Platz, um zwei Gläser kaltes Wasser neben ihr Lieblingsspiel zu stellen. Kostas und Hans, der Grieche und der Amerikaner, saßen seit ihrer ersten Begegnung vor zwei Wochen jeden Abend am selben Tisch, gleich um die Ecke ihrer gemeinsamen Unterkunft, der Taverna Stamoulaki. Meist spielten sie dann stundenlang die griechische Version von Backgammon. In diesem Augenblick drehte sich die Erde in Zeitlupe. Die einzigen Gäste, die sich trauten, die beiden zu stören, waren vielleicht ein paar Fliegen, die sich für einen ganz kurzen Moment auf eines der Wassergläser setzten. Kostas fand es schlimmer, wenn sie direkt auf dem Spielfeld Platz nahmen. Das bedeutete die Todesstrafe. Die Möwen waren nicht ganz so frech, hielten genug Abstand und landeten lieber auf der Hafenmauer, hinter der ganz langsam die Abendsonne verschwand. Die Vogelstimmen und das schwere Getöse der Container und Stahlketten gingen langsam von einer dumpfen in eine helle Geräuschkulisse über, unterlegt vom verspielten Rhythmus der Tavli-Würfel und Komboloi. Das war der monotone Sound der kleinen Holzkugelketten in den Händen der Hafenarbeiter, die damit stundenlang spielten wie mit einem Jo-Jo an zu kurzer Schnur. Ein beruhigendes Spiel, ohne Gegner und Verlierer. Den Rhythmus bestimmten die tätowierten Manges jeweils selbst aus ihrem Handgelenk heraus, während sie lässig an einer Laterne lehnten. Echte Macker eben, bewaffnet mit Schiebermütze, Stock und – Komboloi. Immer auf der Suche nach einem neuen Geschäft, das zu finden in den Zeiten unter General Metaxas immer schwieriger wurde, weil das nicht seiner preußischen Anschauung entsprach. Sie verkauften unter anderem kleine, schwarze, klebrige Klumpen: Hasch. Zu ihren Kunden zählten auch echte Gentlemänner, die durch die Straßen zogen mit ihren Musikinstrumenten unter dem Arm. Sie waren gut gekleidet, trugen schwarze Anzüge, Krawatten und Einstecktücher. Die Schuhe glänzten intensiv, ihre stolzen Gesichter strahlten, ihre gepflegten Schnurrbärte gaben alldem einen Rahmen. Kostas kannte einige von ihnen auch aus seiner Unterkunft. Es waren gute Typen, die einem nicht das letzte Geld abknöpfen wollten, sondern im Zweifel die Einnahmen ihrer Konzerte und Auftritte teilten, um auch mal eine Runde für die anderen Gäste zu bestellen. Sie spielten auf Banjos, Bouzoukia, Baglamades und anderen Saiteninstrumenten den griechischen Blues. Ihre Musik und ihre Leidenschaft war der Rembetiko.

Wenn die traurigen Melodien in den Straßen erklangen, veränderte sich meistens auch die Luft schlagartig. Die strenge Meeresbrise mit einem Hauch von Hafenwasser und totem Fisch verzog sich, sobald der Meltemi, der starke Sommerwind aus dem Norden, eingeschlafen war und Platz machte für eine süße Duftmischung aus Hasch und Lagerfeuer. Der Hafen von Piräus war Sammelpunkt für alle Gestrandeten. Hier trafen Juden aus der Türkei auf Zigeuner aus Mazedonien, orthodoxe Russen lebten Tür an Tür mit Armeniern, oder eben auch griechische Hafenarbeiter mit amerikanischen Geschäftsleuten, die gegeneinander Tavli spielten. Um sie herum wimmelte es von Taschendieben, Schmugglern und Dealern. Aber genau das faszinierte Hans und Kostas, die sich nach ihrem Brettspiel vorgenommen hatten, an diesem Samstag gemeinsam die Nacht zu genießen.

Was für ein Kontrast zu dem ruhigen, aber auch öden Leben auf dem Land, das Kostas hinter sich gelassen hatte. Er war nur mit einem Rucksack, einem Buch und ein paar Stiften von Kallithea in Richtung Athen aufgebrochen, um dort irgendeine Schule zu finden, in der er etwas lernen konnte. Er hatte das Recht dazu, er war mit 18 der Älteste. Seine drei jüngeren Geschwister mussten die Schule nach der vierten Klasse – wie alle anderen im Dorf auch – beenden und auf dem Feld arbeiten. Für immer. Doch statt einem Platz im Hörsaal zu belegen, ging Kostas abends nach der Arbeit im Hafen manchmal ins Freiluftkino.

«Ti kanis – wie geht's dir?», hatte ihn dort ein blonder Mann mit Seitenscheitel und Sonnenbrille angesprochen. Seine Zähne waren gerade und weiß.

Kostas war es gewohnt, im Hafen ein Mischmasch aus vielen Sprachen aufzuschnappen.

«D a n k e. Etsikietsi», antwortete er ganz langsam und deutlich und auf Griechisch.

«My name ist Hans.»

«C H A N S?», versuchte Kostas nachzusprechen. Aber solche Laute hatte er noch nie gehört.

«H – H – H», hauchte ihm der Fremde bei seiner ersten Begegnung vor und gestikulierte dazu mit seinen braun gebrannten Armen und seinem weißen Hemd wie ein Dirigent.

Kostas konzentrierte sich und versuchte, durch eine veränderte Atmung den Namen mit dem Buchstaben «H» doch noch nachzusprechen. Zuerst war seine Aussprache ziemlich feucht, und es dauerte eine Weile, bis er tatsächlich seinen ersten englischen Satz einigermaßen verständlich formulieren konnte, ohne dabei eine kleine Fontäne in die warme Luft zu prusten.

Hans Miller zog als Handelsvertreter von Singer-Nähmaschinen durch die Lande und sprach Englisch, Deutsch, Hebräisch und auch einigermaßen gut Griechisch. Reisen bildet, war sein Lebensmotto und Kostas klebte an seinen Lippen, die gerade dabei waren, ihm die allerersten Brocken einer Fremdsprache beizubringen. Fürs Erste konzentrierten sich die beiden jungen Männer auf einen ganz wesentlichen Satz:

«Let's chä-chä-chä-chäv somm fun.»

Und genau das sollte auch an diesem Abend in Piräus wieder ihre Devise sein, nachdem sie eine anstrengende und extrem heiße Woche im Hafen gehabt hatten.

«Komm mit, wir haben eine Verabredung bei Nike.» Hans navigierte sie beide durch das Ganoven-Viertel, in Richtung der berüchtigten Tekedes, nach heutigen Maßstäben eine Mischung aus Shisha-Bar und Afterwork Club, nur eben von echten Ganoven okkupiert, die den Rembetiko feierten. Dort stopften sie ihre Narjiledes mit bestem Hasch aus Konstantinopel. Sogar die Hunde lagen zugedröhnt vor dem Eingang, weil auch sie süchtig waren nach den Patates, den Kartoffeln. So nannten die Leute damals die Wasserpfeifen Narjiledes. Hans und Kostas stolperten über einen bekifften Straßenköter direkt in die Taverne im Erdgeschoss eines weißen, mehrstöckigen Hauses. An den Wänden hingen bunte Teppiche und auch Ölgemälde, deren Motive nur mit viel Phantasie zu erkennen waren. Ganz anders als die präzise gezeichneten Heiligenbilder, die Kostas aus orthodoxen Gotteshäusern kannte. Die beiden Feierabendfreunde zwängten sich zu den übrigen Gästen auf eine Bank an einem langen Tisch. Es waren deutlich mehr Menschen als Stühle im Raum, die Fenster waren beschlagen, die Luft extrem stickig und verqualmt. An der Decke hing ein Fischernetz mit Lampen aus abgeschlagenen Flaschen. Obwohl auf dem Steinboden auch Scherben lagen, tanzte ein Paar mit nackten Füßen, eng umschlungen. Sie bewegten sich zu der Musik ganz anders, als es Kostas bislang auf griechischen Hochzeiten gesehen hatte. An ein Gespräch mit den anderen Gästen war bei der Lautstärke nicht zu denken, so konzentrierte sich Kostas auf die

Musik. Die Stimme der Sänger war durch elektrische Mikrophone wie verwandelt, ihr leiernder und anklagender Gesang wurde dadurch noch mal verstärkt und verzerrt. Begleitet wurde die Band von einem Gitarrenspieler auf einem Hocker, einem virtuosen Bouzouki-Spieler, der sein Instrument fortlaufend kitzelte und dabei immer neue, schrille Geräusche erzeugte. Das Publikum war überwältigt (und high) und sang die Texte mit einer Fröhlichkeit und Leichtigkeit mit, wie sie Kostas noch nie zuvor in einer Gemeinschaft erlebt hatte.

«Ach meine kleine Flamme, ich warte nur auf dich, ich puste dir die Sorgen weg und komme an deinen Tisch», hauchten und jauchzten sie, denn:

Die meisten Rembetiko-Lieder drehten sich um die Wasserpfeifen, die ja auch im Lokal dampften und weitergereicht wurden.

«Und du, mein kleiner Dummer, was wartest du so lang? Vergiss dein' Liebeskummer, und zieh mal richtig lang.»

Die Texte waren zwar einerseits traurig und anklagend, aber durch die Musik und die Leidenschaft der stolzen Sänger strahlten sie auch unheimlich viel Energie und Zorn aus.

«Hellas ist mein, und du lachst über ihr Elend. Ihr fehlt ein Bein, sie haben es beim Glücksspiel verhökert.» (Roza Eskenazi, Horepse Mou Tsifteteli, 1935)

Die Kleider der Frauen waren für eine Feier am Samstagabend nicht besonders festlich, manche wirkten für

Kostas auf den ersten Blick wie Nachthemden. Aber eine Frau neben der Bühne hatte es ihm, mäßiges, schwarzes Trägerkleid hin oder her, doch besonders angetan. Sie hatte dicke, schwarze Haare, die sie zu einem Zopf geflochten hatte, trug eine silberne Halskette und dazu passende Ohrringe. Ihre Lippen und Nägel waren dunkelrot angemalt. Sie war die schönste Frau, die er je gesehen hatte. Und sie war nicht schüchtern. Kostas sah zum ersten Mal, seit er ein Baby gewesen war, den Ansatz einer weiblichen Brust, als sie sich zu einer anderen Frau über den Tisch beugte und ihr etwas ins Ohr flüsterte. Dabei lächelte sie ihn an und nahm ersten Blickkontakt auf. Von nun an stand Kostas unter Beobachtung. Er stand auf und folgte Hans Richtung Tresen. Eine Frau in weißem Kleid und mit einer Art Turban auf dem Kopf kam direkt auf die beiden neuen Gäste zu. Nachdem sie Hans wie einen alten Bekannten umarmt hatte, kniff sie Kostas in die Backe und zog daran, als ob er eine Maske aufhätte, die sie ihm abziehen wollte. Als Nächstes klopfte sie ihm mit der flachen Hand auf den Po. So hatte ihn noch nie eine Frau berührt. Das Gefummel, die Hitze und die teilweise durchsichtigen Kleider sorgten für … starke Durchblutung, und er setzte sich mit rotem Kopf wieder auf die Bank und beobachtete, wie die Gruppe an einer großen Flasche mit einem langen Schlauch zog. Das Gerät sah aus wie eine Vase, doch oben rauchte es, unten blubberte Wasser. Er selber lehnte ab, nachdem er gesehen hatte, wie ein junger Marinesoldat nach drei tiefen Zügen erst die Augen verdreht hatte und dann rückwärts von der Bank gekippt, auf den Boden geknallt und wie bewusstlos liegen geblieben war.

Eine kräftige Hand legte sich auf seine Schulter. Kostas drehte sich um und schaute direkt in das Gesicht eines Polizisten. Er erschrak. Das hatte er nicht kommen sehen.

«Was willst du, Bulle?», raunte ein anderer den ungebetenen Gast von der Seite an.

«Ich will genau das, was du hattest.»

Der Mann in Uniform beugte sich über den Tisch, nahm einen kräftigen Zug aus dem Narjile und pustete den Rauch in das Gesicht des pöbelnden Gastes, der jetzt versteinert dastand und glotzte.

«Schönen Gruß von der Geheimpolizei. Wir lieben euren Laden. So viele Ganoven auf einem Haufen. Praktisch …»

Der *Bulle* drehte sich um und verschwand tänzelnd in Richtung Ausgang.

Hans hatte von alldem nichts gemerkt, war längst aufgestanden und klatschte neben einer Traube von Tänzern im Takt.

Er bewegte sich mit langsamen Trippelschritten in ihren Kreis, streckte seine Arme und schnippte dazu im Takt. Er drehte sich so lange, bis er auf die Knie fiel. Erst links, dann rechts. Was zunächst aussah wie ein Stolpern, war eine Tanzeinlage, die Hans sich abgeguckt hatte. Er sprang wieder auf und drehte sich in die andere Richtung.

Dann nahm er zwei Männer in den Arm und senkte seinen Blick. Jetzt tanzten sie synchron im Zweivierteltakt und überkreuzten ihre Beine zur Musik. Das Publikum wollte mehr sehen und johlte laut. Kostas traute sich nicht, mitzutanzen und war erleichtert, als Nike, die Frau mit den roten Lippen, ihn zur Seite nahm. Sie zog ihn raus aus dem Raum und verschwand mit ihm über eine Holztreppe im ersten Stock. Kostas hatte spätestens da oben endgültig die Orientierung verloren, es war dunkel und eng, und er prallte aus Versehen gegen sie, weil er nicht bemerkt hatte, dass sie stehen geblieben war.

Er drückte sie an sich, entschuldigend, aber vor allem irgendwie hilflos, bis sie sich auf die Zehenspitzen stellte und ihm ihre Lippen auf den Mund presste. Ihre Augen waren geschlossen. Weil nichts passierte, krallte sie sich in seinen Haaren fest. Es war sein allererster Kuss. Nike zog ihn an der Hand in ein dunkles Zimmer, knöpfte ihm seine Weste auf und löste seine Hosenträger. Das Unterhemd und die Socken behielt er noch an, alles ging viel zu schnell für ihn. Zunächst schwitzte er noch vor Aufregung, dann vor Anstrengung. Die wenigen Minuten kamen Kostas vor wie eine Ewigkeit, aber die Kerze auf dem Nachttisch war noch lange nicht runtergebrannt. Nike lag mit geschlossenen Augen auf dem Rücken, Kostas wischte ihr eine Träne von der Wange, stand auf und verließ vorsichtig den Raum, weil jeder Schritt auf den Holzdielen ein Geräusch verursachte, das im Lärm der Musik aber nur er selber wahrnahm. Mit weichen Knien ging er die Treppe runter, um sich nach Hans zu erkundigen. Dieser empfing ihn mit zwei großen Gläsern Bier und nahm ihn in den Arm. Plötzlich spürte er noch eine weitere Umarmung, Nike war auch wieder in der Taverne und hauchte ihm ins Ohr.

«Trink, Junge. Wenn alles taub ist, spürt man seine Wunden nicht.»

Und kurz danach ging bei Kostas auch schon das Licht aus.

KAPITEL 3

AKROPOLIS ADIEU

Früh am nächsten Morgen wurde Kostas von seiner neuen Freundin wach gekitzelt. Sie war ganz weich und warm, fühlte sich wirklich phantastisch an. Trotzdem konnte er jeden Knochen ihres Körpers spüren. Die kleine Katze sah ziemlich zerlumpt aus, die Straßenkämpfe hatten ihr grau-weißes Fell teilweise löchriger hinterlassen, als seine Waden behaart waren. Jetzt saß er also mit seiner neuen Bekannten an einem Tisch vor der Pension und schaute verträumt in Richtung Hafenbecken. Er konnte dem Kätzchen rein gar nix bieten, nur einen Kanten trockenes Brot und ein Schälchen Wasser. Beides schmeckte ziemlich fad an diesem Sonntagmorgen.

Hans setzte sich zu ihm und sah wie verwandelt aus:

frisiertes Haar, gestärktes Hemd, als würde er von einem luxuriösen Kreuzfahrtschiff kommen, und nicht aus einer Hafenspelunke. «Kommst du?», fragte ihn der Amerikaner.

«Ich habe noch nie im Leben eine Nähmaschine bedient. Wie soll ich anderen Menschen so ein Ding erklären?»

Hans ignorierte seinen Einwand, streckte ihm seine flache Hand entgegen. Er musste nur noch einschlagen.

Portes, Plakoto, Fevga. So lauten die griechischen Namen für die unterschiedlichen Stufen beim Backgammon. Zumindest tun sie das in der Variante, die man hier Tavli nennt. Auf Deutsch: Türen, Liegenbleiben und Flucht. Für Kostas war im Spiel des Lebens jetzt das dritte Level angebrochen. Wenn er die Partie noch gewinnen wollte, blieb ihm nichts anderes übrig, als das Angebot von Hans anzunehmen und Athen Hals über Kopf zu verlassen. Er würde dem Geld folgen und nicht der Liebe. Nach beidem hatte er bis jetzt, bis zum Alter von Anfang zwanzig, vergeblich gesucht. Vom Lohn der vergangenen drei Monate Hafenarbeit blieb gerade mal genug übrig, um abends etwas Warmes zu essen und die Herberge zu bezahlen. So würde sich niemals eine Frau für einen Bauerntrampel wie ihn entscheiden, redete er sich klein. Er wollte gerne mehr besitzen, als in einen Rucksack passte, den er jetzt in den Kofferraum des schwarzen Buick Super legte. Sein Beutel war ziemlich klein, abgewetzt und deshalb leicht zu übersehen neben den beiden großen

Alu-Koffern von Hans, der schon am Steuer saß und mit laufendem Motor auf ihn wartete. Die Chromleisten des Business Coupés glänzten in der Sonne und blendeten Kostas, er hatte keine Sonnenbrille und musste sich mit der flachen Hand an der Stirn vor dem grellen Mittagslicht schützen. Er war allerdings auch vom Anblick des Wagens geblendet: So ein schönes Fahrzeug hatte er noch nie gesehen, angefasst und erst recht nicht gefahren. Ganz vorsichtig kletterte er auf den Beifahrersitz und war überrascht, wie schnell Hans die Luxuskarosse durch die Stadt lenkte. Zunächst hupte er hinter dem Hafenviertel die Bettler von der staubigen Straße, während er sich nicht entscheiden konnte, ob er die Sonnenblende lieber hoch- oder runterklappen wollte. Mit der Zeit wurden aus den Baracken und Zelten der Flüchtlinge am Straßenrand immer größere Häuser. Nachdem sie die Serpentinen hinter sich gelassen hatten, verschwanden irgendwann auch die leuchtend weißen Anwesen hinter Mauern oder großen, dichten Hecken und kleinen Wäldchen.

Kostas war überrascht, wie grün und schattig es hier mitten im Hochsommer war, als Hans den Wagen nach einer halben Stunde im Innenhof einer Villa parkte. Er folgte Hans in das Gebäude und erwiderte freundlich das Nicken des Hauspersonals. Hans wollte gerade einen Mann im hellen Leinen-Anzug umarmen, dem er offensichtlich nahestand, als dieser sich wegdrehte, ihn in einen Nebenraum zog und die schwere Tür hinter sich zuwarf. Kostas blieb alleine in einem großen, kühlen Raum zurück. Kaum hatte er Platz genommen, bekam er auf einem Tablett etwas zu trinken gereicht. Er lehnte höflich ab, weil neben einer Zitronenscheibe auch noch grüne Blätter auf der Oberfläche schwammen. War er denn eine Kuh, dass er Blätter aus einem Glas fraß? Die Sprache des Kellners verstand er auch nicht. Irgendwie fühlte er sich in seiner einfachen Arbeitskleidung in dieser pompösen Umgebung unbehaglich. Um nicht weiter aufzufallen, beschloss er, lediglich zu atmen. Mehr nicht.

Sobald der Kellner abgetreten war und Stille einzog, musste er an den zurückliegenden Abend mit Hans denken. Sofort hatte er wieder die schönen Melodien im Ohr, den Klang der Bouzoukia und Baglamades, den einzigartig melancholischen Sound von Mandolinen und Gitarren. Die Band hatte jeden Einzelnen im Raum in einen Rausch gespielt: angetrieben von einem kleinen grauhaarigen Mann mit einem Buckel, der ein Toumbeleki zwischen seinen Beinen eingeklemmt hatte und es schaffte, den ganzen Abend virtuos mit Handballen und Fingern auf dem Ziegenleder zu trommeln, ohne seine Position auf dem Hocker zu verändern. Er schlug den Takt für die Tänzer, die sich wie Schlangen mit jeder Drehung ihrer Umgebung anpassten. Kostas, der Junge aus dem Dorf, war über Nacht verführt worden von der Musik. Und auch von einer bildhübschen Frau. Er musste sich bei dem Gedanken daran, was sich da in der dunklen Kammer über der Gaststätte genau abgespielt hatte, sehr konzentrieren, um die Nacht nicht für Schall und Rauch zu halten. Irgendwie schämte er sich zwar auch, versuchte aber trotzdem, die Bilder wieder einzufangen (fast wie ein Fotograf, der begeistert Schnappschüsse macht und dann mit den Aufnahmen in einer Dunkelkammer verschwindet, um die Details auf den Bildern zu studieren, nervös bei dem Gedanken, dass vielleicht doch nicht alles so schön gewesen ist). Kostas erinnerte sich an Nikes kleine Zahnlücke, einen Leberfleck oberhalb ihres Mundwinkels und auch an den Lidschatten über ihren dunkelbraunen Augen. Bei jeder einzelnen Erinnerung ratterte es in seinem Kopf, und er atmete wieder etwas schneller. Dabei saß er eigentlich ganz ruhig und bequem auf dem Sofa und wartete, aber in seiner Erinnerung war die Hölle los. Oder besser gesagt Nike.

Kostas sehnte sich nach ihren weichen Händen, schon ewig saß er rum und wartete. Müde und ausgelaugt von der langen Nacht stütze er seinen Kopf in die Hände. Er spürte, wie die Bartstoppeln seine rauen Handinnenflächen kitzelten. Durch die schwere Arbeit der vergangenen Monate, am Kran und an den Containern, hatte er aufgeplatzte Schwielen, die jetzt brannten. Der Schmerz verschwand aber, als er den Geruch von Wildkräutern und Pfirsich an seinen Ärmeln erschnupperte, als hätte sich Nike mit ihrem edlen Parfüm in seinem Hemd versteckt.

«Komm mit, bevor sie euch noch einsperren», sagte ein großgewachsener Typ und gab ihm ein Zeichen. «Wir haben doch nichts Verbotenes angestellt», versuchte Kostas den Riesen zu besänftigen, während er ihm nach draußen folgte.

Michalis stellte sich als Kaufmann vor, der für eine große Reederei arbeitete. Er hatte einen kräftigen Händedruck, war, genau wie Hans, vielleicht 40 Jahre alt und verstaute das Gepäck von Hans in einem anderen Wagen. Er setzte sich in den Buick, drehte den Zündschlüssel und wartete geduldig, bis der Wagen ansprang. Hans war nirgends zu sehen.

«Die Polizei hat heute früh im Hafen jede Menge Opium, Hasch und Heroin in einem unserer Container gefunden.»

Michalis schaute ihm streng in die Augen.

«Und in eurer Pension lagen zwei Nutten mit Herzversagen!»

Kostas' Herz begann zu rasen, er schwieg die ganze Fahrt über und schaute aus dem Fenster, ohne dass er dabei irgendwas wahrnahm. Dabei klammerte er sich ganz fest an den Türgriff auf der Innenseite, Michalis war nämlich noch schneller unterwegs als Hans. Zunächst fuhren sie wieder runter in die Stadt und dann raus aufs Land. Die Akropolis verschwand im Rückspiegel am Horizont, über dem die Mittagssonne herabbrannte.

Michalis war auf der langen Autofahrt der Einzige, der redete. Zwar sprach er dabei Griechisch, aber sein

Wortschatz und die Geschichten, die er erzählte, waren für Kostas befremdlich und irritierend. Bei dem Gedanken an die Polizei musste er tatsächlich noch mal an den seltsamen Auftritt des Uniformierten gestern Abend denken: Statt seine Waffe zu ziehen und die illegale Versammlung aufzulösen, hatte er lieber an der Wasserpfeife gezogen. Dabei blinzelte er einem der Sänger zu.

Der Barde hatte sich als «Markos» vorgestellt und angekündigt, für den hohen Besuch nunmehr das Lied «Messa stou Manthou ton teke» spielen zu wollen. Nach vier Takten setzte zunächst seine heisere Kopfstimme ein, die aber beim Refrain im Chor des Publikums unterging. Alle Gäste hielten ihre Hände in die Luft, klatschten und johlten ihre Polizei-Hymne.

«Die Bullen haben uns umstellt, sie haben uns eins ausgewischt, los Kerle, an die Arbeit und lasst euch eure Laune nicht verderben. Öffnet die Kasse und gib den Bullen reichlich. Spiel deine Musik, damit deine Seele sich vergnügt.»

«Michalis, auf ein Wort?», unterbrach Kostas seine Erinnerung.

«Aber nur ein einziges», antwortete der Fahrer kühl und arrogant, während sein Blick konzentriert auf die Straße gerichtet blieb.

«Nike?»

Michalis stöhnte kurz auf und drehte sich dann mit einem traurigen Grinsen zur Seite.

Aus dem, was dann folgte, ging unzweifelhaft hervor,

dass auch Michalis offenbar schon eine Nacht mit der hübschen Nike verbracht hatte, zumindest erwähnte er das Zimmer und die Kerze auf dem Nachttisch, um die Kostas' Gedanken an diesem denkwürdigen Tag immer wieder gekreist waren.

«Musstest du auch das Licht bei ihr auspusten, kleiner Mann?»

Kostas nickte. Dieses Detail machte sie zu Komplizen, als teilten sie fortan ein Geheimnis miteinander.

Und dann erzählte Michalis die Fluchtgeschichte der jungen Frau. Nike hatte als Mädchen gesehen, wie ihre Heimatstadt Smyrna in Flammen aufgegangen und abgebrannt war.

Aus ihrem Kinderzimmer hatte sie die Tragödie in Zeitlupe beobachten können: Wie türkische Milizen auf der Straße Menschen erschossen, Türen ihrer Nachbarn auftraten und die Häuser einfach ansteckten. Sie weckte ihren Vater, der schnell einen Rucksack packte, alle zusammenrief, über die Höfe flüchtete und sich mit der Familie in einer Kirche versteckt hielt. Aber auch die Kirche wurde geplündert. Die Familie überlebte nur, weil im Rucksack wertvolle Münzen versteckt gewesen waren, mit denen sie ihr Leben erkauften. Die nächste Nacht verbrachten sie auf dem Friedhof, und Nike und ihre Schwester schliefen unter einem Grabstein, damit der Mob sie nicht entdeckte. Am nächsten Morgen konnte sich die Familie in den

Hafen retten. Aber der erste Versuch, auf eines der Kriegsschiffe zu gelangen, scheiterte noch erbärmlich. Die französische Besatzung wollte keine Flüchtlinge aufnehmen und schüttete siedend heißes Wasser über Bord, als sich die Familie an einer der Ankerketten festklammerte. Zum Glück verfehlten sie sie, und so konnten sie sich noch mal ans Ufer retten (als ob das eine Rettung war). Im Hafenbecken trieben schon etliche Leichen, denen teilweise die Ohren fehlten, weil Räuber es auf die Ohrringe abgesehen und sie kurzerhand abgeschnitten hatten.

Nach tagelangem Bangen konnten Nike, ihre Schwester und auch ihre Eltern tatsächlich ein Flüchtlingsschiff besteigen und vom türkischen Festland über das Mittelmeer zuerst nach Lesbos aufbrechen, zu einer ersten Anlaufstelle für alle griechischen Flüchtlinge aus der Türkei, und später mit einem großen Frachter dann Richtung Athen, wo Nike im Hafen von Piräus niemals dem Glück, aber irgendwann Michalis und dann auch Kostas über den Weg gelaufen war.

«Die Griechen sind doch selber schuld», sagte Michalis und gab Kostas den Rest der Fahrt über eine Geschichtsstunde, während der Nikes trauriges Schicksal ins große Ganze einordnete.

«Mit ihrem Größenwahn und dem ewigen Übermut, dem verschissenen Traum von der *Megali Idea*, der großen Idee von diesem beknackten byzantinischen Reich.»

So erklärte er sich und Kostas, warum es zum Krieg

mit den Türken und der bitteren Niederlage gekommen war, währenddessen sich Konstantinopel in Istanbul, Smyrna in Izmir und das Mädchen Nike in eine Prostituierte verwandelt hatten.

Über eine Million orthodoxe Griechen hatten die Türkei verlassen müssen, während gleichzeitig eine halbe Million türkischstämmige Einwohner Griechenland den Rücken zu kehren hatte.

Kostas schluckte trocken. Zu mehr war er nicht fähig, das hätte Michalis ihm auch nicht erlaubt. Er fuhr fort, dem jungen Mann die Welt zu erklären und wie man dabei gute Geschäfte machen konnte.

Denn in dieser Zeit kam auch Hans Miller über das Meer nach Griechenland. Er war allerdings nicht auf der Flucht, sondern kam als erfolgreicher Handelsvertreter für Nähmaschinen und neuerdings Staubsauger aus dem amerikanischen Singer-Konzern.

Beide Geräte-Namen klangen exotisch in Kostas' Ohren, noch nie in seinem Leben hatte er so etwas auch nur angefasst. Tatsächlich hatte er, belehrte Michalis ihn jetzt, in den vergangenen Monaten fast 1000 nagelneue Geräte zur weiteren Verwendung in Griechenland ausgeladen. Die elektrischen Neuheiten von Singer wurden in New York auf Containerschiffe gebracht und über den Atlantik bis nach Piräus verschifft. Hans war dafür verantwortlich, dass die teure Ware in ihrem Zielhafen nicht beschädigt oder gestohlen wurde. Dafür schlenderte er mit strengem Blick und verschränkten Armen herum. Manchmal beobachtete er die Hafenarbeiter stundenlang, nahm jeden ihrer Handgriffe wahr. Immer war er dabei auch auf der Suche nach fleißigen Talenten, die er für seinen Vertrieb anwerben konnte. So hatte er schnell auch ein Auge auf Kostas geworfen, der irgendwie anders zu sein schien als alle anderen. Hans konnte sich Gesichter gut merken und sah schnell, wer Trinker und wer kiffender Gauner war. Genauso schnell wusste er, wann er es mit einer ehrlichen Haut zu tun hatte. Zwar waren im Hafen alle arm und froh über jeden Lohn, egal wie hart die Arbeit in der Hitze war. Die meisten aber hatten sich arrangiert und bei aller Not einen guten Ausgleich gefunden: Mokka, Härteres oder auch mal eine schöne Schlägerei. Die einen machten lieber Musik, die anderen gingen ins Bordell. Hans mochte diese exotische Stimmung, musste bei seinen Rundgängen nur stets aufpassen, dass er selber keine aufs Maul bekam. Er fiel als Blonder unter den vielen Mittelmeer-Flüchtlingen eben auf. Immerhin konnte er mit seinem griechischen Wortschatz witzige Geschichten vom Pferd erzählen, auf dem er in Hamburg angeblich mal in eine Kneipe geritten war. Oder er zeigte Bilder aus Ceylon, auf denen er auf einem Elefanten sitzend zu sehen war und breit grinste. Hans im Glück eben. Seine Geschichten beendete er gerne mit einer Runde Anisschnaps für alle. Nachdem die Gläser geleert waren, holte er ein letztes Foto aus seiner Jackentasche. Eine Geschichte hätte er noch, aber nur diese eine. Dann zeigte er allen ein Bild von einem Geschäft in New York, das im Schaufenster mehrere Flaschen Ouzo zu einer Pyramide türmte. Spätestens jetzt hatte er die Zuhörerschaft in seinen Bann gezogen. Hans redete häufig mit Händen und Füßen, wechselte Sprachen mitten im Satz, warf einzelne Wörter auch mal durcheinander. Aber mit seiner Art, alle Gäste zu umarmen, kam er sogar in den Haschisch-Höhlen gut an. In den illegalen Kneipen lernte er, wie Griechenland tickte. Denn nur wer die Mentalität eines Landes verstand, konnte auch neue Märkte erobern. Daran glaubte Hans fest. Kostas sollte ihm dabei helfen und in einer Niederlassung im Norden des Landes die Mitarbeiter schulen – so weit waren sie sich schon einig geworden. Michalis erinnerte Kostas jetzt noch mal an seine Verabredung mit Hans.

«Morgen, acht Uhr, Treffpunkt ist hier!», verabschiedete er sich knapp von meinem jungen Opa, den er sechs Stunden lang durchs griechische Hinterland gekarrt hatte und der nur eine sehr vage Ahnung davon hatte, wo er sich befand. Sie hatten das Auto vor einiger Zeit geparkt, befanden sich nunmehr in einer losen Ansammlung von Häusern. War sie das, Kostas' neue Heimat?

«Michalis, eine Frage noch?», insistierte Kostas.

Mit einem knappen Nicken gab Michalis dieser Bitte nach.

«Können Prostituierte eigentlich auch einen Freund haben?», fragte Kostas mit roten Ohren.

«Puh», antworte Michalis und schüttelte vage den Kopf.

«Von Politik und Geschäften verstehe ich vielleicht etwas. Aber von der Liebe? Vergiss es. Schlaf gut.»

«Kali Nichta!»

Michalis verschwand schnell über eine Steintreppe. Kostas war jetzt alleine und schaute sich ganz vorsichtig in seiner neuen Unterkunft um. Er zog das weiße Laken zu sich, schnupperte daran und rechnete mit der üblichen Mischung aus Talg und Schweiß. Schon da erlebte mein Großvater eine Überraschung: Die Decke roch nach Lavendel.

Neben dem Bett stand ein kleiner Nachttisch, auf dem ein weißes Tuch und eine schwarz eingeschlagene Bibel lagen. Kostas setzte sich auf die Bettkante und blätterte vorsichtig durch die Seiten. Was er fand, waren Verse und Psalme. Was er suchte, war jedoch Trost. Lieber Gott, dachte er, warum bin ich letzte Nacht nicht einfach gestorben? Vielleicht hatte er ja Nike zu sich geholt, er wusste es nach Michalis' vagen Andeutungen und wendungsreichen Geschichten einfach nicht und bekreuzigte sich. Auf der Kommode stand eine verzinkte Kanne gefüllt mit Wasser. Kostas füllte etwas davon ins Waschbecken und wusch sich mit einem Stück Olivenölseife sorgfältig die Hände. Das Wasser verfärbte sich, er goss noch etwas nach und rieb sein Gesicht fest mit den Händen ab. Er fühlte sich jetzt zwar sauber, aber es fehlte noch etwas Vertrautes. Der Geruch von Nike war nämlich plötzlich auch verschwunden, egal wie oft er seinen Handrücken an die Nase drückte und tief einatmete. Dabei hatte er sein Hemd vor der Waschzeremonie sorgfältig über den Bettpfosten gehängt. Kostas nahm einen der beiden Stühle zur Seite, setzte sich drauf und schaute auf die weißen Wände. Neben dem Bild einer Ikone hingen die Schlüssel an zwei rostigen Nägeln. Michalis hatte sie ihm mit großer Geste überreicht. Zwar hatte Kostas sich in diesem vermeintlich großen Moment noch ungerührt gezeigt, aber jetzt machte ihn die bloße Tatsache, über eigene Schlüssel zu verfügen, doch stolz. Der kleine Schlüssel war für seine Wohnung, der größere Schlüssel war noch wichtiger. Damit würde er morgen um acht Uhr den Geschäftsraum von Singer-Nähmaschinen aufschließen. Die Zwei-Zimmer-Wohnung befand sich direkt darüber.

Wenn er in der kommenden Zeit aber doch mal Heimweh hatte und das Meer vermisste, starrte er an die Wand. Dort hing ein Stoffbild, das ein Fischerboot und einen Sonnenuntergang zeigte. Dieses Bild gehörte zu den wenigen Dingen, die nicht von Hans oder Michalis stammten, Kostas hatte es irgendwann mal eigenhändig gerahmt und hier sofort aufgehängt. Nach diesen gedanklichen Ausflügen war mein Großvater dankbar und faltete die Hände, nur manchmal weinte er dabei ein paar Tränen. In diesem Moment fehlte ihm etwas, was er sonst nur in den Straßen beobachten konnte und selten im Singer-Laden. Eine Familie. Und doch kam Kostas langsam in Karditsa an.

Hier in Thessalien war das Klima extremer als an der Küste. Die Sommer waren sehr heiß, weil sich das Gebirge tagsüber wie ein Nachtspeicherofen aufheizte, um die Wärme dann in der Nacht wieder abzustrahlen. Ideale Bedingungen also für den Anbau von Baumwolle. In Karditsa war die Arbeitslosigkeit mindestens so hoch wie im ganzen Land, trotzdem gab es auch wegen der Nähmaschinen in jüngster Zeit immer mehr zu tun. Erst öffneten kleine Geschäfte, die Tischdecken und Seidenkleider anboten, später siedelten sich auch verschiedene Färbereien an. Auf den Straßen war es bei weitem nicht so wuselig und laut wie rund um die Baustellen in Piräus und Athen. Kostas mochte die Arbeit und seine Ruhe. Er hatte endlich einen richtigen Beruf, ein Zuhause, und er durfte von den Einnahmen des Geschäfts auch einen kleinen Teil behalten, um sich davon etwas zu essen zu kaufen, auch mal ein neues Hemd oder eine Sonntagshose. Offiziell war er der Singer-Ausbilder für die vielen Näherinnen der Region. Also besuchte er die Fabriken der Umgebung und montierte die neuen Maschinen auch selbst. Meistens gab er dann für die Belegschaft eine Einweisung, wie die Frauen das Nähmaschinen-Pedal der neuen Generation am besten bedienen konnten. Die Dinger waren unglaublich schnell. Karditsa hatte den strategischen Vorteil, mit ausreichend Baumwolle und Garn von den Bauern aus dem Umland versorgt werden zu können. Kostas hatte so gut zu tun, dass sein Bein häufig noch beim Einschlafen zuckte, als würde er das Pedal der Nähmaschine weiter so durchdrücken, wie er es tatsächlich den ganzen Tag über getan hatte.

Dann schloss er die Augen und träumte, wie er abends zusammen mit Nike die Tekedes im Hafen besuchte. Er stellte sich vor, wie er als Sänger mit seinem eigenen Bouzouki auf der Bühne stand. Er vermisste Nike noch immer, obwohl sie nur einen gemeinsamen Abend gehabt hatten. Mitten in der Nacht schreckte er aus dem Traum auf, in dem er gemeinsam mit Nike … ein Duett gesungen hatte, und pustete die Kerze auf dem Nachttisch aus.

«*Fotia, Fotia!*» Laute Stimmen, die vor Feuer warnten, rissen ihn auch Jahre später aus einem dieser Träume, in denen er auf einer Bühne gestanden hatte. Kostas weckte seine Kinder und ergriff die Flucht. Er hatte in der Zwischenzeit Sofia kennengelernt, eine der Näherinnen aus dem Dorf. Er verliebte sich sofort in die schöne Brünette mit den langen, geflochtenen Haaren. Im Sommer versteckte Sofia ihr Haar unter einem Kopftuch, das sie vor einem Hitzeschlag schützen sollte. Darunter wurde es von Jahr zu Jahr länger. Verheiratete Frauen gingen nicht zum Friseur. Sie ließen ihr Haar ganz einfach lang wachsen und wickelten es über den Ohren zu Schnecken zusammen. Sofia war ein zurückhaltendes Mädchen, deren Leidenschaft bis dahin der

Kirche gegolten hatte. Sie hörte beim griechisch-orthodoxen Unterricht immer gut zu und las auch danach noch gerne in Religionsbüchern, um das bisschen, was sie in der Schule gelernt hatte, zu festigen, irgendwann schneller lesen zu können. Sie hatte die Schule nur bis zur dritten Klasse besuchen dürfen, weil sie danach im Haushalt und auf dem Feld auszuhelfen hatte. Sie entdeckte in ihren Büchern Psalme und Verse, deren Klang eine Wirkung auf sie hatte; besonders schön war. Kostas begleitete die junge Frau zum Gottesdienst. Zwar gefiel ihm die Musik nicht so gut wie der Rembetiko, trotzdem sang er auch hier gerne mit, ließ seinen Körper von den Klängen wärmen und war zufrieden.

Kostas war jetzt verheiratet, das machte ihn stolz. Das Brautpaar hatte sich bis zur Eheschließung kaum unterhalten, aber das störte sie nicht. Wie viele Liebesgeschichten in diesem Buch diente auch diese Beziehung einem einfachen Zweck. Kostas und Sofia bekamen schnell Kinder: Stavroula, Irini und Chrissi. Töchter waren damals so viel wert wie heute männliche Küken. Sie wurden zwar nicht gleich aussortiert, aber die meisten Väter waren froh, wenn sie eines Tages unter der Haube waren und nicht mehr am eigenen Tisch durchgefüttert werden mussten. Doch – bei aller Härte – auch Küken kann man liebhaben. Trotzdem hörte Chrissi ihren Vater mal sagen: «Eine Frau ist nicht dafür da, ein neues Zuhause zu schaffen, das machen die Männer!» Kostas' Altersvorsorge war also sein Sohn Jannis, der nur ein Jahr nach Chrissi ebenfalls in der kleinen Wohnung in Karditsa auf die Welt gekommen war. Er konnte lange nicht laufen und musste länger als seine Schwestern gestillt werden, was sich als Glücksfall für die ganze Familie erwies. Denn während Sofia den kleinen Jannis gerade an ihrer Brust fütterte und warm hielt, nahm sie mit ihrer feinen Nase plötzlich den Geruch von Rauch im Schlafzimmer wahr, der zu beißend für ein Kaminfeuer war. Alarmiert setzte sie sich auf, ging durch das Wohnzimmer und öffnete die Wohnungstür vorsichtig. Jetzt hörte sie fremde Stimmen und beobachtete, wie Männer in Mänteln mit ihren Stiefeln über Glasscherben huschten. Zunächst vermutete sie eine Gruppe Einbrecher am Eingang des Singer-Hauses. Doch warum sollten Diebe ein Feuer legen? Dann ging alles ganz schnell. Als sie zurück ins Zimmer kam, hatte Kostas schon die Mädchen geweckt und packte seinen alten Rucksack. So konnten sie gerade noch unverletzt aus dem brennenden Haus fliehen. Die Flammen vernichteten das Stoffbild mit dem Fischerboot und auch die wenigen Spielsachen der Kinder, unter anderem Chrissis einzige Strohpuppe mit dunkelbraunen Knopfaugen. Carla.

Sofia hatte offenbar wenigstens ihre Leichtigkeit mit in Kostas' Beutel gepackt. Sie half ihm auf dem schweren Weg der kommenden Jahre, während denen der Krieg das Leben der Familie fest in der Hand hatte. In Griechenland regierte General Metaxas, Athen blieb – wie schon im Ersten Weltkrieg – zunächst neutral. Eine italienische Besatzung durch Mussolini lehnte der griechische Diktator ab. Weil Metaxas zur Kapitulation «Nein» sagte, auf Griechisch «ochi», begeht man am 28. Oktober noch heute den Ochi-Tag, den Tag der Ablehnung. Kostas verlor trotzdem schnell seine Arbeit, denn sämtliche Handelsflotten hingen im Mittelmeer fest, und auch bei den Nähmaschinen gab es große Lieferschwierigkeiten.

Beeindruckend ist, was nach dem «Nein» passierte. Zweieinhalb Stunden später erteilte Mussolini seinen Soldaten den Befehl, Griechenland vom Norden aus anzugreifen. Ein Fehler. Ohne einen einzigen Panzer gelang es den in überhaupt allen Belangen deutlich unterlegenen Griechen, die Italiener zu besiegen und bis weit hinter die albanische Grenze zu verjagen.

Während immer mehr Männer eingezogen, verletzt oder getötet wurden, blieb Kostas nur Beobachter und damit unversehrt. Weil er gut lesen und schreiben konnte, wurde er offenbar nicht auf dem Schlachtfeld gebraucht, sondern am Schreibtisch. Er fand in der Verwaltung einer benachbarten Gemeinde 30 Kilometer nördlich neue Arbeit. Im Amt von Trikala war er jetzt damit beschäftigt, Urkunden auszufüllen. Er machte Karriere als einfacher Beamter und konnte sich fast täglich weiterbilden, weil er Zugang zu einer der drei erhältlichen Zeitungen hatte. Ein Exemplar ging an den Arzt, eines an den Popen, und das dritte blieb im Rathaus und war eigentlich für den Bürgermeister vorgesehen. Kostas aber nahm die Post an und verfolgte als erster Leser im Amt gespannt die Artikel, die er inzwischen alle verstand. Besonders beeindruckte ihn ein offener Brief von Georgios Vlachos, dem Gründer und Herausgeber der «Kathimerini». Der Zeitungsmacher warnte Adolf Hitler vor dem Einmarsch der Wehrmacht, weil das griechische Volk geschlossen für die Freiheit des Landes kämpfen werde. Gleichzeitig bezweifelte er den strategischen Nutzen und sagte Hitlerdeutschland eine verlustreiche Niederlage voraus.

Der offene Brief wurde überall auf der Welt abgedruckt, tragischerweise drang er aber nie zu einer Lagebesprechung im Führerhauptquartier durch. Am 27. April 1941, zwei Monate vor dem Russlandfeldzug, marschierte die Wehrmacht in Athen ein. Der Empfang war genauso kühl wie vorhergesagt, die Fensterläden blieben verschlossen. Zigaretten und Süßigkeiten gab es nur für die britischen Kriegsgefangenen, die auf LKW durch die Straßen von Athen transportiert wurden. Noch mehr reizten die Widerstandskämpfer ihre Besatzer mit einem Streich auf der Akropolis. Die Studenten Apostolos Santas und Manolis Glezos schlichen sich an den deutschen Wachposten vorbei und holten die dort gehisste Hakenkreuzfahne vom Mast. Die Deutschen merkten erst, als die Sonne längst aufgegangen war, was in der Nacht passiert war …

Die Geschichte des griechischen Widerstandes begab sich so auch in Karditsa, wo die Wehrmacht mit Waffen und Feuer großen Schaden anrichtete und auch meine Familie in die Flucht geschlagen hatte. Die griechischen Freiheitskämpfer schafften es aber am 12. März 1943, die Altstadt wieder einzunehmen. Karditsa war damit eine der ersten befreiten Städte in Südosteuropa, aber nicht länger das Zuhause der Familie Tertipi. Wieder einmal fingen sie neu an.

KAPITEL 4

DIE HÜHNERDIEBE VON TRIKALA

(1943–1947, DIE KRIEGSZEIT)

Schweißgebadet wache ich auf. Neben mir das Tagebuch mit dem Lesezeichen auf dem Nachttisch, genauso, wie ich es neben den Wecker gelegt habe. Ich schlage die Stelle, an der ich stehengeblieben war, auf, um sicherzugehen, dass ich die furchtbaren Szenen nur geträumt habe. Gott sei Dank, unsere Familie wurde verschont, es gibt nur wenige Hinweise und Seiten über die Zeit bis 1945, als hätte der Krieg nie stattgefunden.

«Die deutschen Soldaten im Dorf waren gut zu uns, Linda», beruhigt mich Chrissi am Telefon, als ich mehr über diese Jahre und Mamas ersten Kontakt mit ihrem späteren Wohnort zu erfahren versuche.

«Aber das ist doch komisch. In den Geschichtsbüchern klingt das ganz anders», hake ich nach.

«Die Soldaten waren doch ganz klapprig, nachdem sie so lange Hunger gelitten hatten. Selbst wenn sie gewollt hätten – die konnten niemandem mehr etwas tun. Jedenfalls die dürren Heringe, die bei uns stationiert waren. Haben höchstens ein paar Hühner geklaut.»

«Die haben EURE Hühner geklaut?»

«Nein, nein. Bei uns waren doch deutsche Jäger im Garten. Die haben aufgepasst.»

«Ihr hattet Jäger im Garten, Mama? Du meinst doch wahrscheinlich Feldjäger.»

«Jaja. Von einem weiß ich sogar noch den Namen: Herr Schubert. Er war gerne in Griechenland, konnte *Kali Nichta* sagen und noch ein paar andere Wörter. *Ochi, ochi*. Als er uns Kinder zum ersten Mal auf dem Hof gesehen hat, ließ er die Finger vom Hühnerstall, weil wir ja selber nichts zu essen hatten.»

«Und das war alles? Kein Feuer, keine Schüsse, keine Toten?»

«Das war alles. Er hat mit Papa noch zwei Schnaps getrunken und Jannis sein Gewehr anheben lassen, als mein großer kleiner Bruder ihn darum angebettelt hat. Aber die Waffe war zu schwer, und sie fielen beide auf den Boden, der kleine Kerl UND das Riesengewehr.»

Mama muss lachen.

«Und wie ging es weiter?»

«Dann waren die Deutschen wieder weg. Ganze nette Mensche. Wirklich!»

«Waren vielleicht noch andere Soldaten im Dorf? Italiener oder Bulgaren?» Nach Massakern und Vergewaltigungen, die die Nazis nachweislich begangen haben, traue ich mich wirklich nicht zu fragen. Als die Wehrmacht am 12. Oktober 1944 aus Griechenland abzog, hinterließ sie ein geplündertes, ausgeblutetes und zerrissenes Land. Die Nazis haben Hunderttausende Griechen ermordet oder verhungern lassen. Warum sollen sie also Mitleid mit einem kleinen Mädchen gehabt haben? Vorsichtig frage ich nach bewaffneten und brutalen Menschen.

«Kann ich mich nicht erinnern. Als die deutschen Soldaten weg waren, kamen Griechen in Uniform und haben in großen Töpfen für uns gekocht. Wir haben uns angestellt für Kartoffeln, Bohnen, Linsen, und wenn wir an der Reihe waren, unsere Näpfe befüllen zu lassen, wurden wir gefragt, wie viele wir sind. So war das.»

Die harten Folgen des Krieges, den Hunger und die bittere Armut bekam meine damals noch kleine Mama also jeden Tag zu spüren. Doch seltsamerweise sind in ihren Notizen fast nur schöne Erinnerungen zu finden. Die Kinder von Trikala machten also das Beste aus dieser schwierigen Zeit und lebten in ihrer eigenen, ebenso kleinen Welt. Sie waren den ganzen Tag an der frischen Luft, rannten herum, spielten mit alten Walnüssen auf den staubigen Straßen und gingen erst rein, wenn es so dunkel war, dass beim besten Willen keine Walnuss-Murmel mehr zu finden, geschweige denn die

Hand vor den Augen zu sehen war. Sie nahmen das, was der letzte Winter und die Mäuse ihnen gelassen hatten, um damit zu spielen, weil es Murmeln schlicht nicht gab. Machte aber nix: Draußen vor der Tür fanden sie alles, was sie brauchten. Zum Beispiel ein Loch im Boden, damit die Nuss-Murmeln bei einem guten Wurf auch vom Erdboden verschluckt wurden. Der Sieger bekam alle Nüsse, die im Spiel gewesen waren, und konnte sie beim nächsten Mal einsetzen. Wenn es nicht ganz so heiß war, spielten die Jungs auch mal Fußball zwischen den Olivenbäumen. Sie waren froh, wenn sie irgendwo auf dem Weg einen alten Schuh oder Autoreifen fanden. Das Gummi schnitten sie dann mit ihren Messern in kleine Stücke, wickelten Stoffreste herum – und fertig war der Fußball. Der Pass in die Spitze war mit dem holprigen Spielgerät vielleicht nicht ganz so einfach zu schlagen, und so verschleppte sich fast jeder Angriff, aber am Ende reichte es dann doch für einen Treffer, Torjubel und Tränen.

«Lass uns noch kurz mit den Puppen spielen», schlug Jannis seiner kleinen Schwester manchmal vor, wenn er barfuß vom Bolzplatz kam. Er humpelte etwas, weil der Torwart der anderen Mannschaft kleine Kieselsteine vor sich auf dem Boden verteilt hatte, um es den gegnerischen Stürmern schwerer zu machen (als wenn ihr eiriger Ball nicht Hindernis genug war). Das machte jeden Angriff im gegnerischen Strafraum besonders schmerzhaft, aber nach dem 2:0-Triumph über Panathinaikos war ihm das völlig egal.

«Aber Jannis! Wir haben doch seit dem Feuer keine Puppen mehr!», belehrte ihn meine kleine Mama.

«Das denkst du. Aber schau nur her: Die Puppen waren beim Fußball das Publikum. Jetzt sind sie etwas müde.»

Jannis holte mit großer Geste ein paar zerknäulte Baumwollreste aus seiner Hosentasche, die der Wind nach der Ernte über die Felder verteilt hatte. Vor Chrissis Augen rollte er das grau-weiße Bündel mit der flachen Hand zu einer Wurst, holte sich einen Stift und malte zwei Augen ins Gesicht. Zu guter Letzt wickelte er der noch etwas leblosen Puppe eine alte Socke als Schleife um den Hals und wackelte damit wie bei einem Puppentheater.

«Ti kanis – wie geht es dir?», fragte er mit hoher Babystimme und näherte sich Chrissis Nasenspitze.

Chrissi strahlte über das ganze Gesicht und streckte ihre Hände nach der neuen Spielgefährtin aus. Danach drückte sie ihre neue Freundin ganz fest und kuschelte mit ihr.

«Gute Nacht, Püppi», flüsterte Jannis. «Ich fahre noch kurz in die Stadt und bringe Tantchen einen Korb Tomaten mit dem Zug.»

Jannis' Eisenbahnwaggons, mit denen er in seinem Zimmer rangierte (er war der einzige der Geschwister mit einem eigenen Zimmer – und einem eigenen Bett), waren aus leeren Streichholzschachteln gebaut, die Papou Kostas mit einer Schnur verbunden hatte. Die Tomaten waren allerdings durchaus echt, denn alle Kinder spielten gar nicht hauptsächlich, sondern halfen meist bei der (Garten-)Arbeit: Chrissi und ihre großen Schwestern zogen Gemüse, schleppten Wasser und verarbeiteten die Ernte (meist direkt für das Abendessen). Sie vertrieben sich die Zeit unter der sengenden Sonne damit, dass sie ein paar Volkslieder sangen. Nach einer Weile bekam eine nach der anderen einen trockenen Hals, sodass der Chor erst immer leiser und schließlich ganz eingestellt wurde. Nach getaner Arbeit waren sie meistens so müde, dass sie ein paar Happen runterschlangen, sich irgendwann einfach auf den Fußboden legten und mit einer Wolldecke zudeckten, bis Jannis sie aufweckte, weil sein Zug auf dem Rückweg aus der Stadt einen Umweg über den Tunnel nehmen musste. Seine Hand verschwand also unter der Decke, bis eines der Mädchen vor Schreck laut aufheulte. Wie gemein! (Jannis' Zug und die Esel waren übrigens die einzigen Fortbewegungsmittel im Dorf. Autos gab es dort erst viele Jahre später.)

Gartenarbeit und Puppentheater rangierten unter dem Begriff «Freizeit». In Griechenland gingen die Kinder auf dem Land hauptsächlich auf die Grundschule, die sechs Jahre dauerte. Wer danach die Prüfung fürs Gymnasium bestand und in der Nähe einer solchen Schule wohnte, konnte weitermachen. Für Chrissi ging dieser Traum leider nicht in Erfüllung. Sie bestand zwar die Gymnasialprüfung als eine der Besten, aber ihr Vater untersagte ihr trotzdem, auf die weiterführende Schule zu gehen. Er fand, das Gymnasium sei zu weit entfernt. Und außerdem sollte sie besser im Haushalt helfen.

Trotzdem oder vielleicht gerade deshalb schwärmt Chrissi noch heute von ihrer Schulzeit – nicht zuletzt wegen der Schuluniformen, die es damals gab: dunkelblaue Kleidchen mit weißem Kragen für die Mädchen, weiße Hemden und kurze, dunkelblaue Hosen für die Jungs. Chrissi bekommt heute noch leuchtende Augen, wenn sie davon spricht, wie schick sie alle waren, jedenfalls auf dem Schulweg und bevor sie in der ersten, großen Pause einmal quer über den staubigen Schulhof getobt waren. Ab diesem Zeitpunkt waren alle Uniformen grau. Die meisten Kinder kamen in den Unterricht, ohne gefrühstückt zu haben. Stundenpläne gab es nicht. Alle Kinder teilten sich einen Raum, die Lehrer vermittelten deshalb eher Grundkenntnisse: Plus-Minus-Rechnungen und das kleine Einmaleins in Mathe. Lesen und Schreiben in Griechisch, etwas Religion. In der ersten Pause wurde Milch und Brot mit Rosinen verteilt. Das war alles – so etwas wie die Grundversorgung in der Nachkriegszeit. Es gab jeden Tag das Gleiche, ohne dass jemand gemurrt hätte. Nun, gemurrt vielleicht nicht, jedoch … knurrte den kleinen Geistern oft der Magen. Nicht selten schlief ein Kind vor lauter Hunger in der Schule ein. Zu Hause bekamen sie noch etwas Bohnensuppe mit Oliven oder trockenes Brot, das aus Mais gebacken war. An Fleisch war nicht zu denken! Und Lammfleisch gab es tatsächlich nur an Ostern.

«Warum schlachten wir nicht einfach ein Huhn, wie es die Soldaten damals bei der alten Familie Georgiou gemacht haben?», fragte Chrissi ihren Bruder einmal auf dem Heimweg, als die Bilder von einer reichlich gedeckten Tafel in ihrer Phantasie wieder einmal besonders plastisch geraten waren.

«Dann wären wir ja schön blöd! Was glaubst du, wer uns dann morgen und übermorgen und nächste Woche und im nächsten Frühjahr die Eier bringt?»

Und Jannis hatte recht: Die Eier waren eine wesentliche Säule des familiären Speiseplans, sie wurden abwechselnd entweder gebraten, verquirlt und gebraten oder einfach nur gekocht. Dazu gab es dann alles, was der Garten hergab. Tomaten, Gurken, Auberginen. In einem kleinen Laden im Dorf konnten die Kinder auch Olivenöl kaufen, sodass sie den Gang dorthin in ihr Spiel einbauten.

Chrissi betrat den Kaufmannsladen dann mit einem Buch, in das alles eingetragen wurde, was sie einholte. Zwei bis drei Monate lang konnten die Familien in der Regel anschreiben, bis es wieder Lebensmittelkarten vom Staat gab.

«Ich brauche auch noch eine Flasche Petroleum für die Lampen», fuhr die kleine Kundin oft noch fort, nachdem sie das Olivenöl schon eingesteckt hatte.

«Bitte schön», wurde die Ware über den Tresen gereicht – und sogleich in besagtem Heft vermerkt.

«Und darf ich kurz mit dem Finger?», fragte sie augenklappernd.

Der Ladenbesitzer kannte die Not der Kinder und hatte sie während des Krieges einmal dabei erwischt, wie sie heimlich ihre schmutzigen Finger in ein Honigglas getaucht hatten. Seitdem hatte er immer einen Topf im Regal, der nur für die Kinderhände vorgesehen war.

«Ja sou.»

Der Verkäufer streichelte Chrissi zum Abschied über den Kopf, und sie strahlte über das ganze Gesicht, weil der Honig ihren Finger in einen süßen Lolli verwandelt hatte. Den ganzen Nachhauseweg lutschte sie noch daran und stellte dort stolz das Kännchen Öl und die Petroleumflasche auf den Tisch. Strom gab es damals im Dorf noch nicht. Gekocht wurde also auf dem Kamin. Dort saß die Familie manchmal auch noch nach dem Essen und starrte einfach in das Feuer, ohne dabei groß miteinander zu reden. Die Flammen waren für sie wohl eine Art Nachkriegsfernseher, der keine schlechten Nachrichten ausstrahlte, sondern Wärme, Wärme, Wärme.

Papou kam meist spät nach Hause. Kostas war der Einzige im Dorf, der richtig lesen und schreiben konnte. Nach dem Krieg war er für den Wiederaufbau zuständig, und zwar ganz direkt wie auch sehr indirekt. Er füllte für die Überlebenden und Hinterbliebenen Formulare aus, damit sie Geld vom Staat bekamen, als eine Art Wiedergutmachung oder Rente. Die meisten Männer im Dorf waren tot. Das Grundstück, auf dem meine Familie lebte, gehörte der Kirche. Deshalb durfte sie dort auch ein kleines, festes Haus aus Stein bauen, nachdem ihre vormalige Behausung, die eher einer Hütte geglichen hatte, zu eng und zu klapprig geworden war. Jetzt hatten sie drei Zimmer und eine Küche, sie hatten aber kein Bad. Man wusch sich an der Quelle, die hinterm Haus in einen Trog plätscherte.

Was für Großstädter mit Aussteigerphantasien wie ein Paradies klingt, muss in Wahrheit ein Albtraum gewesen sein. Ich kann aber in keiner Zeile des Tagebuches einen Vorwurf finden oder eine Anklage, dass es Mama in dieser Zeit an irgendetwas gefehlt hatte. Und auch zwischen den Zeilen steht davon nichts, und das will etwas heißen, wo heute der Aufruhr meist schon fünf Minuten, nachdem ich die Harburger Wohnungstür aufgesperrt habe, losgeht: Merkel treibt den Strompreis in die Höhe, der Nachbar hat eine furchtbare Freundin und keinen Geschmack, die Erde ist eine Scheibe und lalala. *Etsikietsi* ist schon das höchste der Gefühle bei ihr. Besser wird's nicht. Wie aber kann ich nur mehr über die Nachkriegsjahre in Mamas Heimatdorf erfahren, frage ich mich – und plane meine Offensive am Küchentisch.

«Hattet ihr denn gar keine Angst, Mama?», versuche ich nach einem großen Teller Spaghetti bolognese das Gespräch mit einem klugen Zug zu beginnen, der einen Rückzug unmöglich werden lässt.

«Papou hat uns immer vor den Kommunisten gewarnt. Wie Kinder vor bösem Wolf», antwortet Mama unumwunden.

«Ihr müsst euch verstecken oder ganz schnell auf den Berg laufen, wenn es nach Feuer riecht.» So wurde es ihnen bis zum Ende der vierziger Jahre gesagt, ach was – eingebläut. Tatsächlich ging von den Partisanen während des Bürgerkrieges die größte Gefahr aus, nachdem sie den Kampf um Athen aufgeben mussten. Daraufhin zogen sie sich in die Berge zurück, verwüsteten aus Rache und Frust Dörfer und vergewaltigten Frauen. Angeblich wurden dabei auch Kinder geraubt und nach Russland verkauft. Papou verfolgte die politische Entwicklung sehr interessiert in der einzigen Zeitung, die es im Dorf gab und die im Rathaus auslag. Er teilte sie sich brüderlich mit dem Popen und seinem Freund Evangelos, der zugleich der Bürgermeister war. Evangelos hatte zwar eine dicke Hornbrille, sie verzierte aber eigentlich nur sein Gesicht, genauso wie die dicke Warze auf der Backe – richtig lesen konnte er nicht. Deshalb hielten sie es so, dass vor allem Kostas die Texte las und interpretierte und etwas, wirklich nur ein wenig ausschmückte – und anschließend für die anderen wiedergab. (Im Grunde machte er also das Gleiche wie seine Enkelin heute in der Tagesschau.) Der Pope, der Bürgermeister und mein Opa saßen häufig gemeinsam am Tisch, tranken einen Bergtee und versuchten dabei jahrelang, das Dorf aus der Armut zu befreien, indem sie vor allem, im wahrsten Sinne des

Wortes, Boden wiedergutzumachen versuchten, um so die Landwirtschaft anzukurbeln. Eine Sisyphosarbeit, die allen viel Geduld und Demut abverlangte.

Am Tag, als Fäuste laut an die Tür hämmerten und es danach nur noch laut krachte und das Holz splitterte, war ihnen sofort klar, dass die zarten Pflänzchen im Dorf erneut vernichtet werden würden und so den Aufbau um Jahre zurückwarf.

«Hände hoch, Kopf flach auf den Tisch», brüllte ein Mann mit tiefer Stimme auf Griechisch.

Noch bevor sie die Gäste einzuordnen vermochten, bekam jeder von ihnen mit dem Kolben einen stumpfen Schlag auf den Hinterkopf.

Sie machten nicht mal vor dem Popen halt, sondern drückten sein Gesicht mit der flachen Hand auf den Holztisch, bis sich sein grauer Bart mit dem Blut vollgesogen hatte, das aus seiner Nase lief. Er schnaubte vor Wut und verfluchte die Männer, wehrte sich aber nicht. Auch nicht, als er an seinen Stuhl gefesselt wurde. Kostas durfte als Erster wieder aufstehen und dem Anführer alle Papiere aus den Regalen reichen. Dieser Bandit hatte seine Füße auf den Tisch gelegt, während er Seite für Seite inspizierte, um das bereits Gelesene dann zusammengeknüllt in die Mitte des Raumes zu werfen. Offenbar war er auf der Suche nach jungen Männern zwischen 16 und 25 Jahren – und auch nach Kindern. Begleitet und beschützt wurde er von einer kleinen Widerstandsgruppe, den linken Guerilla-Kämpfern, die einen Kreis um den Tisch bildeten und mit ihren abgelatschten Lederstiefeln die Papierkugeln in die Mitte des Raumes kickten. Die Männer rochen nach Schweiß, Rauch und Alkohol, waren also nicht nur unhöflich, sondern auch sehr ungepflegt, vernarbt und mit einer Haut wie aus Leder. Anders als die Dorfbewohner waren sie nach den Kriegsjahren aber immer noch kräftig und ganz und gar nicht ausgezehrt. Bei ihren Plünderungen durch die Dörfer hatten sie offenbar jedem Huhn den Kopf umgedreht. Der jahrelange bewaffnete Kampf, zuerst gegen die Nazis, später gegen die eigene Regierung, hatte sie innerlich taub werden lassen.

«Wo sind die Bücher mit den Kindern?», fragte der Anführer zornig, der offenbar zwar lesen konnte, aber doch nicht verstand.

«Wohnen hier nur noch Alte?», hakte er unwirsch nach, während er Kostas zu ohrfeigen begann.

Kostas hielt kurz inne, um sich von den Schlägen zu erholen.

«Die meisten haben wir begraben und …»

Er konnte seinen Satz nicht mehr beenden und sackte auf dem Boden zusammen.

«Wofür haben wir eigentlich gekämpft, welches Land haben wir verteidigt, hä?», brüllte der Anführer Kostas wütend an und spuckte ihm ins Gesicht. Seine Begleiter beruhigten ihn wieder und zeigten aus dem Fenster. Vorsichtig schauten sie auf die Straße, ob vielleicht Soldaten der griechischen Regierungsarmee den Überfall bemerkt und Verstärkung angefordert hätten. Keine Spur. Alles ruhig da draußen.

Kostas kam langsam wieder zu sich, konnte aber nichts sehen, weil seine Augen verbunden waren. Zum Glück waren die Kinder aus dem Dorf an diesem Tag alle baden.

«Brennt die Hütte ab und nehmt den Verräter mit», hörte er den Anführer noch sagen, und schon lag er mit dem Rücken auf einer Lastwagenpritsche und wurde aus dem Dorf gebracht. Die Sonne blendete ihn, als ihm einer der Männer erst Zigarettenrauch ins Gesicht pustete und dann seine Augenbinde abnahm, um ihn mitten auf einem Feld zu verhören. Was mag mein Großvater, Chrissis Vater, an diesem Nachmittag wohl gedacht haben? Hatte er Angst? Oder blieb dafür gar keine Zeit? Denn nach einigen, vermutlich bangen Momenten auf dem Feld hörte er das Knattern eines Motorrads, das ihm zunächst sicher Mut machte. Vielleicht eilten jetzt endlich Soldaten der griechischen Regierungsarmee zur Hilfe herbei. Doch dann sah er nur zwei weitere Partisanen mit nacktem Oberkörper herbeirasen. Ihr Haar war verfilzt und staubig, ihre Haut blutverkrustet. Aus der Entfernung hätte man fast meinen können, sie wären schwer verletzt – dabei stammte das getrocknete Blut von einem Schaf, das über ihren Schultern hing. Ein ekelhafter Anblick, aber die Kämpfer klatschten sich ab, nahmen sich sogar in den Arm, und die Freude über das Schlachtfest war so groß, dass sie für einen kurzen Augenblick ihren Gefangenen vergaßen. Kostas nutzte den unbeobachteten Moment, hüpfte mit seinen gefesselten Beinen ein paar Schritte nach hinten und ließ sich seitwärts in einen Graben rollen, wo er regungslos liegen blieb. Die aufgeregten Stimmen der Partisanen, die sich wohl nicht recht erklären konnten, wohin mein Opa entkommen war, drangen nur noch als dumpfes Murmeln zu ihm, irgendwann wurden Lastwagentüren zugeschlagen, und sie verstummten ganz. Der Motor wurde angelassen, heulte auf, beruhigte sich aber sogleich – sie fuhren doch nicht etwa fort? Kostas konnte sein Glück kaum fassen. Doch richtig: Das Motorengeräusch schien sich zu entfernen, wurde immer leiser, und plötzlich waren da nur noch die Grillen aus den Olivenbäumen zu hören. Ganz vorsichtig versuchte er, noch immer im Graben verharrend, seine Fesseln mit einem scharfen Stein zu lösen, was ihm mit vielen Schmerzen und noch mehr Geduld auch in dieser recht unglücklichen Position gelang. Kostas blieb zunächst einfach liegen, völlig verkrampft von der Anspannung (und den Fesseln, die ihn bis vor einem Moment noch zusammengehalten hatten), bis er irgendwann vor Erschöpfung einschlief. Am nächsten Tag hörte er zwar aus dem abseits liegenden Dorf keine Schreie und auch keine Schüsse, die seine Sorgen weiter hätten anfeuern können (wenn das überhaupt möglich war, er musste halb wahnsinnig sein vor Sorge und Angst), aber er traute dem Frieden nicht und blieb eine weitere Nacht regungslos in seinem Versteck. Erst am nächsten Morgen schlich er wie eine Katze über das vertrocknete Feld, versteckte sich dabei immer wieder hinter Sträuchern und Bäumen und beobachtete von dort, ob sich in der Gegend etwas tat. Sein Blick fokussierte die Berge am Horizont. Die Felsmassive wirkten wie immer: nackt, steinig und wild. Er versuchte, Rauchwolken oder Spuren der Verwüstung zu erkennen. Je länger er auf die Felsen starrte, umso häufiger sah er darin das versteinerte Gesicht eines Mannes, der auf dem Rücken lag und eine große Nase hatte. Wurde er jetzt verrückt? Oder halluzinierte er wegen des Hungers? Doch wirklich: Das sich anschließende Tal wirkte aus der Ferne wie ein Auge. Der Wald darüber wie eine wild gewachsene Frisur. Der Trampelpfad zog sich wie ein breites Grinsen über das in Stein gehauene Gesicht.

Ein Rascheln in seinem Rücken versetzte Kostas abermals in Angst und Schrecken. Es waren aber keine Partisanen, die zurückgekommen waren, um ihn zu holen, sondern zum Glück nur eine kleine Eidechse, die über den Besucher im Gestrüpp mindestens genauso nervös war wie er selbst. Kostas zog aus dieser Begegnung mit der Natur seine eigenen Schlüsse: Er musste einerseits weiterhin extrem vorsichtig bleiben, andererseits aber ganz unauffällig und ruhig nach Hause kommen. Also schlich er nicht länger, sondern lief aufrecht ins Dorf, als wäre nichts weiter gewesen. Allerdings wählte er dabei einen Umweg, um sich seinem möglicherweise zerstörten Haus so langsam wie möglich zu nähern.

Bei jedem Hinweis auf ein Feuer oder Ähnliches wäre er lieber sofort umgedreht, als auf verkohlte Trümmer (oder Schlimmeres) zu stoßen. Er kam aus dem Grübeln nicht mehr heraus, obwohl auf dem Weg zum Kafenion alles aussah wie an jedem anderen Tag auch. Sogar der Pope saß unter einem schattigen Baum und stützte sich auf einen Stock. Kostas setzte sich zu ihm, bemerkte die aufgeplatzte Lippe und seine geschwollene Nase. Der Pope winkte nur ab, als er bemerkte, dass Kostas Tränen in die Augen gestiegen waren. Das Blut sei ganz leicht aus dem weißen Bart gegangen, die Wunden würden auch wieder verheilen, beschwichtigte der Pope. Dann wies er mit dem Stock auf die Kirchenruine.

«Und die können wir auch wieder aufbauen! Oder kämpfst du jetzt für die Kommunisten?»

Bei diesem Satz zog der Pope die buschigen Augenbrauen hoch. Offenbar wunderte er sich, dass Kostas den Überfall auf das Rathaus ohne größere Blessuren überstanden hatte, also: nicht tot. Die Kopfschmerzen, die wund gescheuerten Gelenke, den Hunger und die Angst konnte er ja nicht sehen. Nicht, dass er Kostas auch eine blutige Nase gewünscht hätte, aber vielleicht war er ja übergelaufen, um sich zu retten, und würde demnächst die eigenen Freunde umbringen, damit er am Leben blieb? In diesen Zeiten wusste man schließlich nie …

Kostas sammelte sich ein wenig und stellte die Frage, vor deren Antwort ihn am meisten graute:

«Was ist mit meinen Kindern? Hast du sie heute schon in der Schule gesehen. Wie geht es ihnen? Wie geht es meiner Frau?»

«Kostas, deine Kinder spielen Fußball, wie immer. In die Kirche können sie ja nicht mehr. Und deine Frau ist wohlauf.»

Erleichtert sprang Papou auf und rannte die Straße herunter bis zu einer großen, staubigen Freifläche, die dem Dorf als Spielplatz galt. Er machte einen riesigen Satz über die Steinmauer und sprintete die letzten Meter in den Strafraum hinein. Dort stand Jannis, zunächst etwas überrascht über den viel zu großen Mitspieler, bis er in der Staubwolke die Umrisse seines Vater ausmachen konnte. Zunächst war er etwas verdutzt, weil der ihm erst den Ball abnahm und dann auch noch neben das Tor schoss. Doch dann riss er die Augen auf und sprang in seine Arme, als hätten sie die Weltmeisterschaft in der Nachspielzeit gewonnen. Sie drückten sich ganz fest und weinten. Sie hatten ihn zurück!

KAPITEL 5

GRIECHISCHER BLUES
(1958)

Zu den wenigen Geschichten über ihre Teenager-Jahre, die mir meine Mama immer gerne und daher häufig erzählt hat, gehörten ihre ersten Besuche in der großen Stadt: Ihre Schwester war irgendwann zu ihrem Mann nach Thessaloniki gezogen, und Chrissi besuchte sie manchmal. Dort hatte sie zum ersten Mal vor einem Schaufenster gestanden, öffentlichen Personennahverkehr genutzt und eine Verabredung gehabt, an der nur sie und ein junger Mann teilnahmen. «Und Augen hatte der, Liiinda.» Mittlerweile habe ich sogar eine konkretere Vorstellung von deren Farbe («braun wie Nuss»). Ich habe also immer geglaubt, dass ich jeden dieser Stadttage aus ihren Erzählungen kenne. Bis ich ihr Buch wieder zur Hand nehme und weiterlese und … Doch zunächst ist es noch wie in Mamas Geschichten, die sich um früher drehen und die Zeiten, in denen es besser gewesen sein muss – es wird geschwärmt.

Thessaloniki ist eine schöne Stadt, die zu jeder Zeit strahlt. Alle Wege und Straßen sind beleuchtet. Und das rund um die Uhr. Bei Chrissi im Dorf gibt es das nicht. Wenn es dunkel wird, ist es dunkel. Dann geht auch kein Dorfbewohner mehr vor die Tür. Vielleicht noch Charalambos, der neue Pope, um die Kerzen in der Kirche ein letztes Mal zu kontrollieren – und nebenbei auch die Bewohner. Zum Beispiel Vassili und Giorgos, die den besten Schnaps im Dorf destillieren und Charalambos auf seiner Ortserkundungsrunde stets ein letztes Glas davon anbieten. Den Blick zum Himmel gerichtet, prostet sich das Trio zu, wirft den Kopf in den Nacken, stürzt den Schnaps, Tsipouro, in einem Zug herunter – und wünscht sich eine geruhsame Nacht. *Kali Nichta.* Eine Ausnahme von dieser Regel machen sie nur, wenn eine Sternschnuppe vom Himmel fällt, was in Thessalien recht häufig zu beobachten ist. Der liebe Gott meint es gut mit dem Trio, und um diesen Umstand zu feiern, gibt es ausnahmsweise noch einen Schnaps. *Ja mas.* (Während der Perseiden im August dauert ihr kleines Ritual bestimmt wirklich lang.) Nach dem allerletzten Tsipouro sind in Farkadona dann endgültig nur noch herumstreunende Katzen unterwegs und feiern fauchend ihr Abendmahl. Manchmal kämpfen sie so laut um Beute, dass die Hunde wach werden, bellen, bellen, bellen – und kurz danach der Hahn das Dorf sowieso endgültig weckt.

Chrissi besuchte ihre Schwester zum ersten Mal, seit diese fortgezogen war. Kostas und Sofia waren froh, dass ihre Kinder inzwischen groß waren. Sie würden ihren Weg schon machen. Wie der aussehen würde, sollte die Zeit zeigen. Sie wünschten sich was Solides, mit guten Aussichten. (Dass damit vor allem die künftigen Ehemänner ihrer Töchter umrissen worden waren, wurde den Mädchen erst später klar.)

Hier in Thessaloniki aber scheinen Tag und Nacht sowieso untrennbar miteinander verbunden zu sein. Laute Stimmen, herzhaftes Lachen und immer wieder Rembetiko, die beliebte Musik in den Spelunken der Großstadt, verwischen die Grenzen zwischen beidem. Die Nacht ist noch jung, singt ihre Lieder, und so frisch kommen wir sowieso nicht mehr zusammen. Diese Lieder der Nacht, den Rembetiko, hat Chrissi so noch nie gehört. Sie tanzt durch diese Nächte und Tage, wird herumgewirbelt von dieser modernen Stadt. Wenn sie denn mal in der Wohnung ihrer großen Schwester sind, gibt es auch hier zahlreiche Wunder zu entdecken: So verfügt der Haushalt auch über eine geräuschlose, im Handumdrehen zu bedienende Feuerstelle. Die elektrischen Herdplatten gehörten zum Praktischsten, Elegantesten, was Chrissi je gesehen hatte, hier war einem der göttliche Funke ganz nah. Noch genialer war ein anderer Zaubertrick, den ihre große Schwester Stavroula auf Lager hatte. In ihren eigenen vier Wänden versteckte sie die Essensreste hinter einer schweren Tür. Lebensmittel wie Milch, Fleisch oder Eier waren noch Tage, nachdem man sie vom Markt geholt oder im Geschäft gekauft hatte, genießbar. So ein Kühlschrank war schon eine tolle Sache. Die längerfristige Lagerung heikler Lebensmittel gelang ihrer Mutter zu Hause nur manchmal, wenn sie Essensreste in eine Schüssel mit kaltem Wasser stellte. Fasziniert vom elektrisierten Leben mit Steckdosen und Lichtschaltern auf einer glatten Wand, inspizierte Chrissi die kleine Drei-Zimmer-Wohnung jeden Tag aufs Neue, ohne dass ihr Staunen darüber, wie sauber und einfach hier alles war, je kleiner wurde. Sie streichelte über das glattpolierte Holz der Möbel. Zu Hause hatten sie weniger Mobiliar, es war auch nicht so schön dekoriert. Vorsichtig lupfte Chrissi eine gehäkelte Decke, ohne die Tonschale mit Orangen auch nur einen Millimeter zu verschieben. Sie bewunderte die rundgeschliffenen Kanten des eleganten Möbelstücks, das feine Furnier und die Schubladen mit Schlüsseln und Beschlägen aus Messing. Zu gerne hätte sie den Schlüssel einfach umgedreht und die Briefe von Vassili an ihre Schwester gelesen. Aber schon im gemeinsamen Kinderzimmer hatte sie sich das nie getraut, obwohl es da keinen Schrank als sicheres Versteck gab, in dem Stavroula ihre Schätze hätte verstauen können. Dort hatten sie nicht einmal Betten gehabt, sondern schliefen auf Strohmatten. Stavroula besaß jetzt nicht nur ein riesiges Bett, sondern teilte es sich mit ihrem Mann. Hach. Chrissi schaute noch versonnen in der Gegend herum, während ihre Schwester schon in ein Kleid schlüpfte.

«Machst du bitte noch das Licht in der Küche aus?», rief sie durch die halbe Wohnung, während sie eilig alles Nötige in ihre Abendhandtasche sammelte. Eine Tasche, die man nur zu feinen Kleidern trug. Das Leben in der Stadt war wirklich besonders zivilisiert und wunderschön.

Verträumt tastete Chrissi auf der Suche nach der Petroleumlampe auf dem Küchentisch herum, bis Stavroula sie mit einem sanften Klaps an den Lichtschalter erinnerte (den Chrissi bis dahin bestimmt schon fünfzig Mal gedrückt hatte) und sie an der Hand mit in den Flur nahm. Sie deutete auf ein paar Schuhe und hielt ihr ein Jäckchen hin:

«Schwester, jetzt zeig ich dir das Leben hier – *Zoi*!»

«Ach, ich verstehe euch nicht einmal richtig. Ihr redet irgendwie ganz anders als auf dem Land», wich meine Mama zurückhaltend aus.

«Hör uns zu und schau dir die besten Sachen ab. So funktioniert das», ermunterte ihre große Schwester sie, wie sie es schon ihr ganzes Leben lang machte.

Stavroula trug an diesem Abend ein schlichtes, zitronengelbes Kleid aus Baumwolle, das einen großen Kragen hatte und in der Mitte geknöpft war. «Diese Kleid war Wucht», sagt meine Mama noch heute und auch, dass es einen Ausschnitt besaß, den ihr Vater Kostas nicht einmal einer verheirateten Frau zugestanden hätte. Aber Kostas war weit weg, und seine große (verheiratete!) Tochter hatte noch viel mehr Kleider im Schrank.

«Nimm das blaue hier.» Lustig. Die beiden müssen ausgesehen haben wie die schwedische Flagge. Chrissi war zunächst auch wenig angetan und kommentierte Stavroulas Wahl so schweigend wie stirnrunzelnd. DAS sollte passen?

«Obenrum wächst du noch rein, ich hole dir ein paar Stofftaschentücher. Und vergiss das Jäckchen nicht. Was denken sonst die Nachbarn ...» Stavroula lachte schallend, hatte aber im Grunde recht: Viele Männer aus dem Dorf arbeiteten mittlerweile in Thessaloniki.

Nachdem das Hochgefühl, die große, weite Welt betreten zu haben, langsam abebbte, kam Chrissi sich dumm und ungebildet vor. Normalerweise trug sie eine lange Schürze über einem mausgrauen Kleid. In Farkadona waren ihre bunten Kopftücher das farbenfrohste an ihr. Und heute Abend war sie auf einmal mindestens so elegant gekleidet wie sonst nur auf einer ganz großen Hochzeit. Doch mit jedem Schritt, den sie dem Lokal, in dem sie verabredet waren, näher kamen, trat sie selbstbewusster auf. Sie schaute sich bei ihrer großen, starken Schwester ab, wie man auf hohen Schuhen gut vorwärtskam. Chrissi war so stolz au Stavroula, die in ein paar Monaten zu einer fröhlichen Frau geworden war, die in den engen Gassen der großen Stadt wildfremden Menschen spontan etwas hinterherrief, Komplimente oder harmlose Bemerkungen, einfach irgendwas. Die Passanten freuten sich, lachten die beiden jungen Frauen an. Manchmal spitzte Stavroula sogar ihren Mund und verteilte Luftküsse! Hier hatte offenbar niemand seinen Ruf zu verlieren.

«Was für eine mutige Geste», dachte sich Chrissi und malte sich dabei aus, wie so eine verruchte Reaktion im Dorf über Monate Gesprächsstoff böte. Trikala, aber speziell Farkadona, schien auf einmal sehr weit entfernt zu sein. Mit Leichtigkeit spazierten sie in das Café, umarmten alle Anwesenden kurz («Wirklich a l l e Anwesenden, Mama?», habe ich einmal grinsend gefragt. Aber obwohl das nicht sein konnte, schien es ihr wirklich so. In solch einem Moment ist wohl auch der Begriff *Ich könnte die ganze Welt umarmen* entstanden, stelle ich mir vor), nach etwas Geplauder und einem Aperitif ging es schon weiter in ein anderes Kafenion oder eine Ouzeria, um nach einigen Stationen, vielen Umarmungen und dem einen oder anderen Getränk schließlich am Hafen zu landen, wo die beiden Damen an einem gedeckten Tisch Platz nahmen. Und hier, vor einem weißen Tischtuch, das Chrissi in diesem Moment wie eine Leinwand schien, kam es schon wieder zu einem Kuss, den Chrissi in dieser Form in all ihren siebzehn Lebensjahren bisher nicht mal bei einer Hochzeit in der Kirche beobachtet hatte! Stavroula küsste ihren Vassili, und wie. Chrissi wurde rot und war noch im Nachhinein froh, dass Stavroula während ihrer Trauung im Dorf nicht ganz so leidenschaftlich zur Tat geschritten war. Den Freunden und Bekannten in der Runde war das rote Gesicht des Backfisches in ihrer Mitte ganz egal.

«Hier, Mädchen, Gavros. Die Fische schwimmen ja nicht bis zu euch ins Dorf, was?»

Es gab frisches Brot, Oliven und Choriatiki in kleinen Schälchen, dazu große Teller mit aufgeschnittenen Zitronen. Es sah prächtig aus und üppig, und es gab für alle genug.

Nach dem nicht enden wollenden Reigen aus Vorspeisen brachte der Kellner noch eine Runde Mokka. Was für ein Luxusleben! Chrissi war begeistert. Allerdings hatte ihr erster Kontakt mit der belebenden braunen Brühe einen bitteren Beigeschmack, und sie musste das erste Tässchen Mokka ihres Lebens erst mit viel Zucker genießbar machen. Aber dann!

Das Koffein pumpte im ganzen Körper, die vielen Eindrücke durchfluteten das Mädchen vom Land, spülten über sie hinweg wie tagsüber die Wellen der Ägäis. Und jetzt bat man sie auch noch zum Tanz. Damit immerhin kannte Chrissi sich schon etwas besser aus, sie hatte an manchen Sonntagen auf dem Dorfplatz so ihre Erfahrungen gemacht. Wo die Gäste eben noch an langen Tafeln gesessen hatten, standen oder saßen jetzt drei Musiker auf den Tavernenstühlen, und allein das begeisterte Publikum verhalf ihnen zu einer Art imaginären Bühne, für die es in diesem Raum, der nicht viel größer als ein Wohnzimmer war, beim besten Willen keinen Platz gab. Der Kopf der Sängerin wippte im

Takt des soeben anklingenden Liedes, das offene Haar fiel ihr ins Gesicht und in ihren Ausschnitt. Wenn ihre schöne, tiefe Stimme pausierte, hielt sie ein Tamburin vor die Brust und begleitete damit Bouzouki und Gitarre. Mal schnell, mal langsam, hoch und runter. Es war mitreißend, es war fabelhaft. Wer nicht selber tanzte und mitsang, der wurde vom Publikum durch leidenschaftliches Klatschen und Singen angefeuert, es sich doch anders zu überlegen: *Hoppa.* Der Höhepunkt des Abends war das Lied *Frangosyriani.* Den Text dieses Rembetiko sangen alle mit wie Fußballfans ihr Vereinslied in der Kurve. Spyro, der beim Essen zufällig neben Chrissi gesessen hatte, aber den ganzen Abend nicht von ihrer Seite gewichen war, zog Chrissi in die Mitte des Raums und tanzte mit ihr dazu. Zunächst hielt er sie mit ausgestreckten Armen weit von sich, als hätte er gerade eine Trophäe gewonnen, die es ausgiebig zu bewundern galt. Irgendwann, er muss sich seiner Sache recht sicher gewesen sein, zog er sie ruckartig an sich heran, sah ihr tief in die Augen und sang weiter lauthals mit:

«Eine Flamme, ein Feuer, hab ich in meinem Herzen, als hättest du mich verhext, süße Frangosyriani.»

Noch Stunden später pochte Chrissis Herz im Takt des längst verklungenen Liedes. Sie legte die flache Hand auf ihren Bauch und versuchte, sich zu beruhigen. «Muss am Mokka liegen», dachte sich Chrissi, die den

Rest der Nacht auf dem Sofa ihrer Schwester verbrachte, ohne ein Auge zuzumachen, nachdem weder Schäfchen zählen (in Thessaloniki gab es ja auch kaum Schafe) noch Sterne gucken (dito) geholfen hatte. Vor dem Fenster wurde noch immer gelacht, gesungen, und der Hahn krähte auch dann nicht, als es eigentlich längst Zeit dafür war.

Chrissi dachte an Spyro. War es ihm wirklich ernst mit ihrer Verabredung? Er hatte sie doch bestimmt durchschaut und wusste längst, dass sie nur eine kleine Dorfpomeranze mit alberner Frisur war und nicht das abgeklärte Fräulein auf hohen Schuhen im schwingenden (geliehenen) Kleid, das sie ihm den Abend über vorgespielt hatte.

Und doch würden sie sich schon in wenigen Stunden wiedersehen. Es war auch keineswegs so, dass sie aus unterschiedlichen Welten stammten: Auch Spyro kannte das Leben auf dem Land, wo Mädchen Feldarbeit verrichten, ihre Hände rau sind und unter den abgebrochenen Fingernägeln Erde klebt. Er kam selbst vom Dorf, hatte so manche Ernte mitgemacht und durfte das Dorf nur verlassen, weil er der älteste Sohn war. Spyro sollte eigentlich Jura studieren. Doch Justizia machte ihn nicht glücklich, hatte er Chrissi ins Ohr geflüstert, als er beim Tanz einmal nicht lauthals mitsang. Zu spröde waren die Texte, zu ermüdend die Aussicht darauf, aus Sicht seines Dorfes einem angesehenen Beruf nachzugehen. Lieber als Gesetze las Spyro echte Literatur: Nikos Kazantzakis, Odysseas Elytis und Jannis Ritsos begeisterten ihn. Spyro bildete Sätze, die Chrissi zwar in der Zeitung gelesen, aber noch nie gehört hatte. Er redete wie gedruckt und war dabei alles andere als eine Maschine, nicht überheblich oder eingebildet, sondern sehr aufmerksam. Wahrscheinlich hatte er sofort gespürt, dass Chrissi mehr wollte, als Kartoffeln zu ernten. Nachdem er auf seine Fragen nach ihrer Zukunft nur ein vages Schulterzucken zur Antwort erhalten hatte, bot er ihr beim Tanz einfach an, sie am nächsten Tag zu der Schauspielschule mitzunehmen, die er seit kurzem besuchte. Das war sein Hobby. So erklärte er es zumindest seinen Eltern, die ihm das Geld dafür zwar gaben, aber von der Idee nicht sonderlich begeistert waren. Chrissi dachte also wirklich an Spyro. Sie dachte aber auch an Kazantzakis, an Scheinwerfer, Bühnen und Film. Und der letzte Gedanke, den sie hatte, bevor sie doch einschlief, war dieser hier: *Es gibt Dinge, die man nur einmal im Leben erleben wird. Und dann nie wieder.*

KAPITEL 6

SIGNORE FRANCO
(1958)

U*nd dann nie wieder.*» … Da ist er wieder, dieser Chrissi-eigene Pessimismus. Sobald die Gegenwart aber Vergangenheit ist, war sie plötzlich doch schön und gut (den meisten Leuten ist dieses Phänomen unter der Überschrift «Früher war alles besser» geläufig). Das Wort «Schauspielschule» jedenfalls lässt mich aufhorchen. Sollte meine Mama einmal den Wunsch gehabt haben, die Bretter zu betreten, die die Welt bedeuten? In ihrem Tagebuch läuft sie erst einmal eine Treppe in Thessaloniki hoch, die Dielen knarren …

Kulturschule stand auf dem Türschild, als sie leicht außer Atem im zweiten Stock ankamen. Spyro klopfte an die Holztür, von der die Farbe blätterte. Kleine, blaue Plättchen fielen zu Boden.

«Hoffentlich ist keiner da», dachte sich Chrissi, die wieder das Kleid von Stavroula trug und außerdem das Haar zu einer Frisur hochgesteckt hatte, wie sie sie so noch nie getragen hatte. Ihre Knie waren weich, was bestimmt auch an den Lederschuhen lag, die sie so auch noch nie getragen hatte. Stavroula hatte ihr beim Anziehen helfen müssen.

Drinnen brummte jemand Zustimmung, sodass Spyro und die beklommene Chrissi eintraten.

«Signore Franco, Kali Mera.»

Im Raum stand kein Grieche, sondern ein Italiener. Eine Nationalität, die Chrissi so auch noch nie gesehen hatte.

«Da bist du ja, Spyro. Kommt schnell rein, wir haben schon angefangen.»

«Ich habe die Schwester einer guten Freundin dabei, sie ist zu Besuch in Saloniki. Sie würde gerne zusehen, wenn sie darf.»

«Ja, ja. Komm schon. Setzt euch zu den anderen an den Tisch. Ach, hier ist dein Text, mein Junge. Sieh ihn dir schon mal an.»

Es war ganz still im Raum, obwohl darin mindestens zehn junge Leute versammelt waren. In der Mitte stand ein großer Tisch, auf dem viele Bücher aufgetürmt waren. Die Schauspielschüler saßen ganz vertieft da, studierten die Seiten, auf denen ihre Texte standen, und schauten nur kurz hoch, als Chrissi und

Spyro dazukamen. Diese Art von Stille, die fast schon Andacht zu nennen war, hatte Chrissi auch noch nie erlebt. Oder höchstens in einer Kirche. Von der maroden Decke der *Kulturschule* hingen große Lampen. Das Licht wurde gelöscht, was die gespannte Atmosphäre noch verstärkte, und Signore Franco klatschte zwei Mal in die Hände. Irgendjemand zog einen schweren Vorhang zur Seite. Dahinter kam die Bühne zum Vorschein. Zwei Stühle standen im Scheinwerferlicht, um das die Schauspielschüler einen Kreis bildeten. Alle starrten auf den Boden. Die Stille war kaum noch auszuhalten. Chrissi war als Einzige in dem, was nun der Zuschauerraum war, zurückgeblieben und krallte sich an ihrem plüschigen Stoffsitz fest. Sie fing auch an, nervös mit ihren Lederschuhen zu wippen, aber deren Sohlen unklarer Beschaffenheit knarrten auf den Holzdielen allzu sehr. Sie riss sich also zusammen. Und dann war für mehr als zehn Minuten nur noch die Stimme von Signore Franco zu hören. Er sprach über das Universum, die Rolle der Literatur darin, ein wenig über Italien. Dann über Griechenland, die Antike im Speziellen. Über Sophokles. Sein Werk. Diesen Text. Er kam buchstäblich vom Hölzchen aufs Stöckchen in seinem eigenwillig gewundenen, dadurch auch sehr feierlichen Griechisch. Und irgendwann war es so weit: Signore Franco gab letzte Regieanweisungen, die Probe konnte beginnen.

Sinnigerweise verkörpert die Tragödie «Antigone» von Sophokles, die gegeben werden sollte, den Konflikt zwischen Gewissen und Gehorsam. Chrissi hörte zum ersten Mal von Antigone, der berühmten Theaterfigur, die ihren Bruder begräbt, obwohl das verboten ist. Manchmal ist es eben besser, das Richtige zu tun, wenn man davon überzeugt ist, auch wenn es gegen irgendeine Anweisung ist, dachte Chrissi sich. (Diese Konflikte und ihre nachgelagerten Gedanken dazu sollten etwas sein, das Chrissi noch häufiger im Leben begegnen würde.)

«He du, die du das Haupt zu Boden senkst: Gestehst du oder leugnest du die Tat», fragte Kreon, der hier vom *Typus sehr gut gekleideter, durchtrainierter Hafenarbeiter mit sensibler Kurzhaarfrisur* verkörpert wurde, zu dem die harschen Worte nicht recht passten.

«Ja, ich gesteh die Tat und streite sie nicht ab.» Antigone, eine zarte Brünette mit Hochsteckfrisur und wallendem Gewand, antwortete voller Überzeugung.

Kreon blickte darauf zum Wächter, wirkte dabei beinahe flehentlich, was die Schärfe seiner Worte ein bisschen dämpfte und Chrissi doch noch einmal mit den Füßen scharren ließ.

«Du scher dich fort von hier, wohin du willst, entlastet von dem schweren Vorwurf, frei!»

Der Wächter schaute betreten und eilte fort, stellte sich also wieder in den Kreis der anderen Schüler.

«Du aber sage mir nicht lang und breit, nein, kurz und bündig: Hast du gewusst, dass ausgerufen war, dies nicht zu tun?», fragte Kreon und fixierte Antigone streng. Seine buschigen Brauen hatten sich zusammengeschoben, Blick und Text passten also wirklich mal zusammen. Chrissi seufzte erleichtert.

«Ich wusste es! Wie sollt ich nicht? Es war ja öffentlich bekannt», antwortete sie und wirkte dabei erstmals leicht unsicher. War es, weil sie den Text nicht mehr richtig entziffern konnte oder weil Kreon sich bedrohlich nah vor ihr aufgebaut hatte und dabei immer strenger nachfragte?

«Und wagtest dennoch, dies Gesetz zu übertreten?»

Jetzt kam der große Monolog von Antigone, den sie sehr souverän vorbrachte und der dabei so bewegend war, dass Chrissi Tränen in die Augen schossen.

«Es war ja Zeus nicht, der mir dies verkündet hat, noch sie, die mitwohnt bei den Göttern, Dike, hat bei den Menschen je solch ein Gesetz bestimmt. Auch glaubt ich nicht, dass das von dir Erlassne so große Macht besäße, dass, wer sterblich ist, der Götter ungeschriebne und ewig gültige Gesetze könnte setzen außer Kraft.

Denn sie bestehn nicht erst seit heute oder gestern: Die leben schon seit je, und keiner weiß, wann sie zuerst erschienen ...»

«Stopp! Von vorne!», unterbrach Signore Franco Antigones Auftritt. Chrissi wunderte sich mächtig: Der zunächst ruhige und hilfsbereite Italiener verwandelte sich während der Probe immer wieder in eine sehr laute und zornige Person. Die Schüler mussten zahllose Male neu ansetzen, nur in kurzen Pausen durften sie sich etwas zu trinken holen. Nach einiger Zeit verbot Signore

Franco Wassergläser in Bühnennähe kategorisch, nachdem Antigone auf ihr weißes Gewand gekleckert hatte und zur Ablenkung aller anwesenden jungen Herren die ehrwürdige Bühne versehentlich zum Schauplatz eines Wet-T-Shirt-Contests gemacht hatte. Zum Glück war die Luft im Raum mittlerweile so staubtrocken, heiß und stickig, dass der Stoff rasch trocknete.

Es gab noch einige Durchgänge, bei denen Chrissis Tränen zum Schlussmonolog hin immer reichlicher flossen. Selbst Kreon wirkte irgendwann nicht mehr wie ein täppischer Tanzschüler, sondern verkörperte das, was er sagte, schon … viel mehr.

Dann war Schluss: Signore Franco öffnete die Fenster, es wurde hell im Raum. Die Schüler bekamen neue Texte für die nächste Probe und verschwanden nach zwei Stunden erschöpft, durchgeschwitzt und fast wortlos aus der Kulturschule.

Spyro kam mit jetzt fast ausdruckslosem Gesicht auf Chrissi zu. Er hatte den neuen Text zusammengerollt in der Hand und deutete damit in Richtung einer Tür, die den dahinterliegenden Raum als *Büro* auswies. Chrissi folgte ihm und verbeugte sich ehrfürchtig vor dem riesigen Schreibtisch, um sich beim Lehrer persönlich dafür zu bedanken, dass er sie während der Probe im Raum geduldet hatte.

«Wie hat es dir gefallen?», fragte Signore Franco nüchtern, nachdem Chrissi sich wieder aufgerichtet hatte.

«Gut», antwortete Chrissi. Mehr konnte sie im Moment nicht sagen. Zu sehr hatten die letzten Stunden sie beeindruckt. Außerdem bekam sie kaum noch Luft.

«Möchtest du Schauspielerin werden?», fragte Signore Franco und stützte sich dabei mit beiden Händen auf die Tischplatte vor ihr.

«Sie ist ja nur zu Besuch bei ihrer Schwester. Sie wohnt gar nicht in der Stadt!», unterbrach Spyro die aufkommende Stille.

«Gut. Dann sprich mit ihrer Schwester und bring sie Donnerstag wieder mit zu den Proben. Da ist etwas in ihrem Gesicht, das mich interessiert.»

Spyro zog die noch immer sprachlose Chrissi aus dem Raum, die Treppe hinunter und an die frische Luft. Nachdem sie tief, tief, tief durchgeatmet hatte fand sie wieder zu Worten bzw. Fragen

«Was soll Stavroula nur denken? Welche Rolle soll ich überhaupt spielen? Ich habe doch gar keinen Text! Und warum war der Lehrer so streng?»

Spyro pustete mit seiner lustigen Art jeden Einwand leichthin weg.

«Warte doch ab. Deine Schwester wird froh sein, dich weiter in der Stadt zu haben. Sei einfach du selbst. Du bekommst schon noch Text. Und deine erste Rolle. Vielleicht sogar beim Film. Stell dir nur vor, dein Grundschullehrer und der Bürgermeister und der Pope sehen dich erst wieder, wenn dein Durchbruch auf der großen Leinwand auf dem Dorfplatz gezeigt wird. Dann wird keiner mehr etwas Böses zu sagen wagen. Sie alle werden stolz und froh sein, dass du Trikala in der ganzen Welt berühmt gemacht hast.»

«Und wer hilft dann bei der Olivenernte?», konterte Chrissi nüchtern Spyros Einsatz, bevor der ihr noch anfing zu sagen, wem sie bei ihrer ersten Oscar-Rede unbedingt zu danken hatte.

«Ach, die bleiben schon nicht liegen. Ich glaube, sie werden auch die Kartoffeln ohne deine Hilfe finden, diese hungrigen Lästermäuler.»

Chrissi schwieg überwältigt. Es gab keine Frage auf der Welt, auf die dieser Spyro nicht eine Antwort hatte, so viel stand fest. Alles andere würde die Zeit zeigen.

Das Abendessen war nicht so reichhaltig wie am Vorabend. Irgendwie schienen alle noch erschöpft und tunkten ihr Weißbrot antriebslos in die Schale mit Olivenöl. Mehr war nicht drin.

Spyro erklärte der müden Gruppe ausführlich, wie sehr er sich in seine Rollen fallen ließe. Er müsse wahrhaftig glauben, er sei die Person. Egal ob Seefahrer, Mörder oder Liebhaber. Er war wirklich in Hochform.

Chrissi hatte Stavroula gleich nach ihrer Rückkehr aus der Kulturschule so zurückhaltend wie ungewohnt glühend von Signore Francos Vorschlag erzählt. Auf Stavroulas nüchterne Nachfrage, ob sie das denn könne, auf einer Bühne zu spielen, hatte sie sich an Spyros Worten vom Heimweg bedient:

Jedes Drama gebe die Besetzung und sein Ende

selbst vor, alles andere füllen die Schauspieler dann mit ihrer Gegenwart und Phantasie aus, bis das Licht der Erde am Ende des Abends wieder den Saal erhelle.

Stavroula hatte keine Ahnung, was Chrissi meinte, begriff aber, dass es ihr ernst war. Beim Abendessen steckten sie und ihr Mann Vassili schließlich die Köpfe zusammen.

Nach geraumer Zeit, während der Stavroulas Gemurmel schon mal lauter geworden war, waren sie sich schließlich einig und schlugen vor, die Zeit bis Ostern zu nutzen. Bis dahin wäre Chrissi sowieso bei ihnen und hätte Zeit: Fünf Wochen Schauspielunterricht, danach müsste die Entscheidung fallen. Die Gebühr war eigentlich zu hoch für die Familie, 3000 Drachmen im Monat würde sie bestimmt nicht bekommen, klagte Chrissi schon im Vorhinein. Dabei würde das Studium des großen Bruders doch das Vierfache kosten. Es war zum Verzweifeln.

Stavroula und Spyro redeten ihr gut zu: Sie solle die Zeit, die ihr bevorstand, erst einmal nutzen. Alles andere würde man sehen. Diese Zeile kannten die Mädchen von ihrem Vater. Sie verhieß manchmal Gutes. Und manchmal nicht.

Am Donnerstag stand der zweite Besuch in der Schauspielschule an. In der probenfreien Zeit lief Chrissi wie ein aufgescheuchtes Huhn durch die Stadt. (Jedenfalls hat meine Mama heute keinerlei Erinnerung mehr daran, wie diese Tage waren, obwohl sie sonst in Gedanken jeden Stein, der in den fünfziger Jahren auf Thessalonikis Straßen herumlag, umdrehen kann.) Danach musste Chrissi wieder ins Büro von Signore Franco. Spyro wartete vor der Tür, dafür kamen an diesem Tag zwei andere Mädchen mit ihr. Seinen Schülern gegenüber war Signore Franco am Vormittag noch sehr aufbrausend und wütend gewesen, während er jetzt wieder humorvoll und höflich auftrat. Er wollte wissen, wie alt die drei Damen seien, wo sie zur Schule gegangen waren, was ihre Eltern machten, ob sie schon einmal im Kino gewesen seien – und vor allem, ob sie Lust hätten, bei einem richtigen Film mitzumachen, *drehen* nannte er das. Der Film sollte im Sommer in der Hafenstadt Mytilini auf Lesbos entstehen, zwei Monate lang.

Der Hauptdarsteller für «Die Nacht des Hirten» sei schon gefunden. Für ihn, der im Film Reno hieße, müsse er jetzt noch die passende Frau suchen, die in der Rolle der schüchternen und leidenschaftlichen Ehefrau Key überzeugend wirke. Seine erste Wahl sei erkrankt, jetzt müsse schnell Ersatz gefunden werden. Und vielleicht gebe es auch noch zwei, drei andere Rollen, deutlich kleiner leider, die zu vergeben seien. Er drückte den überraschten Mädchen einen Stapel Blätter in die Hände und forderte sie auf, ihr Können zu zeigen.

Signore Franco führte vor, was er meinte, und spielte drei unterschiedliche Charaktere auf. Zuerst war er außer sich vor Freude, dann plötzlich traurig und verletzt, und zum Schluss setzte er sich ängstlich wieder hinter den Schreibtisch. Chrissi war begeistert und schaute sich alles ganz genau ab.

Auf sein «Und los» war sie dran und musste genau nachspielen, was sie gesehen hatte. Signore Franco war wieder sehr streng, unterbrach ihr Spiel mehrfach an den Stellen, die ihm nicht gefielen. So ging es wohl weitere zwei Stunden, bis alle drei Kandidatinnen jede nur denkbare Regung auf der Gefühlsskala dargeboten hatten. Es gab echte und falsche Tränen, breites Lachen, neun Zornesfalten und nur echten Schweiß. Chrissi war eigentlich ganz zufrieden mit ihrem Auftritt, verließ aufrechten Schrittes den Raum und schlich erst, als ihre Anspannung langsam nachließ, durchs Treppenhaus.

Spyro wartete vor der Tür auf einer Bank, erschöpft und ausgelaugt von der Probe und vom Tag. Er bot Chrissi eine Zigarette an, doch sie lehnte Tabak genauso ab wie Alkohol. Mit den Folgen des Kaffees am Morgen, den zu trinken sie sich in der großen Stadt angewöhnt hatte, hatte sie schon genug zu kämpfen. Selbst jetzt, ganze vier Stunden nach dem Morgenmokka, war sie noch leicht zittrig, klammerte sie sich an die Texte, die sie für ihren großen Auftritt brauchen würde, träumte von einer Filmkarriere (und musste doch einräumen, dass die Bretter, die die Welt bedeuten, zumindest im Moment leicht schwankten).

Stavroula sprach ihr am Abend wieder Mut zu, wie es große Schwestern einfach immer machen. Eine ganze Woche lang übten sie immer wieder den Text und hatten so großen Spaß an der Rolle, dass sie sich selbst beim Abendessen so benahmen, als wären sie auf einem Film-Set. Nach ein paar Tagen saß jedes Wort. Chrissi vergaß offenbar völlig, wo sie eigentlich herkam, und lebte bereits das Leben der leidenschaftlichen Ehefrau auf Lesbos. Sie hatte ihre große Liebe gefunden, ohne jemals einen Mann geküsst zu haben, aber vielleicht war genau das der Grund, weshalb sie diese Rolle so perfekt ausfüllte, zumindest bei den Wohnzimmer-Proben. Wenn sie doch mal Text vergaß, entstand eine hilflose Pause, die ihrem fiktiven Charakter jedoch perfekt entsprach. An manchen Abenden half Spyro aus in der Rolle des Ehemanns. Anfangs war er etwas neidisch, weil er nicht für die Hauptrolle auserwählt worden war. Eine Ehefrau zu spielen hätte jedoch seine Schauspielkunst bei weitem überstiegen, wie er irgendwann zugab. Ab diesem Moment gab er unermüdlich Tipps und bestand in seiner weiteren Rolle als Aushilfs-Regisseur darauf, dass sie noch frenetischer und leidenschaftlicher spielten, sodass Chrissi manchmal vor lauter Lachen abbrach. Innerhalb dieser Woche war sie wie verwandelt und konnte es gar nicht mehr abwarten, morgens in die Schauspielschule zu gehen. Mit jedem weiteren Tag lernte sie immer neue Dinge von ihrem großartigen Lehrer, den sie verehrte.

Signore Franco war in Italien ein bekannter Theater- und Filmschauspieler. Trotz seiner großen Erfahrung konnte er sich an Chrissis großem Tag kaum auf dem Stuhl halten, als das wirkliche Casting wahrhaftig begann. Franco stand immer wieder auf, gestikulierte wild und gab Regieanweisungen. Mal herrschte er seine Schüler auf Griechisch an, um dann wieder umzuschalten und sich auf Italienisch mit dem Film-Regisseur zu unterhalten, der als Kontrastprogramm ganz entspannt in seinem Stuhl saß und durch seine dicke Hornbrille das Treiben auf der Bühne beobachtete. Nach jedem Auftritt machte er Notizen und bestellte sich noch einen Kaffee. In ihrer Rolle musste Chrissi die Betten machen, was für sie ein Kinderspiel war. Während sie die Laken erst kräftig ausschüttelte und dann mit klaren Kantenschlägen wie ein Karatemeister in immer kleinere Rechtecke faltete, um am Ende ein kleines Paket auf dem Bett zu hinterlassen, klagte sie über das Leben einer Hausfrau und ratterte ihren Text dabei so hart und streng herunter wie ein Maschinengewehr. Und dann passierte etwas, und sie war verloren: Die Tür ging auf, und sie erschrak so sehr, dass sie den Text vergaß. Vor ihrem Film-Ehemann stotterte sie, lief hilflos auf der Bühne umher, nur um sich am Ende weinend auf das frisch gemachte Bett zu werfen.

«Bravo, bravissimo.» Zum ersten Mal, seit er in den Räumen der Kulturschule aufgekreuzt war, erhob sich der dicke Regisseur begeistert und kippte dabei seine siebte Tasse Kaffee über den Tisch. Signore Franco rannte nicht minder begeistert auf ihn zu, wischte alle Texte mit der Kaffeelache vom Tisch und umarmte seinen alten Freund fest. Eng umschlungen verschwanden beide im Büro und feierten wohl ihre Neuentdeckung.

Chrissi bekam von alledem nichts mit und weinte immer noch über ihren verpatzten Auftritt. Spyro jedoch hatte die Zeichen richtig gedeutet, drehte das heulende Elend zu sich herum und gratulierte ihr auf das herzlichste: Küsschen links, Küsschen rechts. Chrissi konnte ihr Glück kaum fassen! Zum Feiern blieb jedoch keine Zeit, sie musste schnell zurück: Vassili und Stavroula warteten schon mit Gepäck am Bahnhof. Ostern stand vor der Tür, und die Koffer für die Familienfeier waren gepackt. Die ersten Kilometer auf den Schienen Richtung Dorf feilten sie an der richtigen Strategie, wie sie der Familie von Chrissis Schauspielkarriere berichten konnten. Es war eine große, einzigartige Chance. Das mussten doch auch Kostas und Sofia so sehen. Da war er plötzlich wieder, dieser Konflikt, den sie am allerersten Tag auf der Kulturschule vor Augen geführt bekommen hatte: Sollte sie ihren Gefühlen folgen und das Richtige tun, oder sich an die Gesetze der Familie halten und dem, was sie so gerne wollte, entsagen? Chrissis Platz war immer auf den Feldern und Weiden gewesen. Irgendjemand musste die Baumwolle ja ernten. Das war mühselig, denn die Pflücker mussten von morgens bis abends in gebückter Haltung durch die Plantagen gehen und dabei die Faserbüschel aus den aufgesprungenen, reifen Kapseln zupfen. Da die Kapseln scharfkantig sind, dauerte es nicht lang, bis sich die Erntehelfer verletzten und das weiße Gold

den Tag über mit blutverkrusteten Händen weiter ein-
sammelten. Schon der Gedanke an die Hitze auf dem
Acker, während der man schwerste körperliche Arbeiten machte, saugte die letzte Kraft aus ihrem Körper.
Auf die Anspannung der letzten sechs Wochen folgte jetzt die Müdigkeit. Chrissi fühlte sich zu leer und
erschöpft, um weiter über die Konsequenzen nachzu-
denken, die dieses verlockende Angebot haben würde.
Die letzten vier Stunden der Zugfahrt verschlief sie.

KAPITEL 7

KOSTAS' ANSAGE
(1958)

Der Zug war auf den letzten Metern. Stavroula schüttelte ihre jüngere Schwester. Chrissi ließ sich nur widerwillig aus ihrem schönen Traum reißen. Eben war sie doch noch als Schauspielerin am Set gewesen und musste alles geben. Sie war völlig hinter ihrer Rolle verschwunden. Vielleicht war das ja der Grund, warum der Beruf des Schauspielers in Thessalien kein Ansehen hatte. Von der Landbevölkerung wurden alle, die als Angehörige des fahrenden Volkes galten, geradezu verachtet. Beim Blick aus dem Fenster dachte sie erneut darüber nach, ob sie ihrem Vater von ihren Plänen erzählen sollte oder ob sie der Familie lieber nichts sagte. Sie würde noch einmal gründlich über ihren Traum nachdenken müssen und über die Schauspielerei.

«Kein Wort zu Papa», verfügte Chrissi beim Aussteigen.

«*Hallo* kannst du ihm nach deiner langen Reise ja schon sagen», ermunterte sie Stavroula, die plötzlich mitbekam, dass sich ihre zuletzt so temperamentvolle Schwester auf der Zugfahrt wieder in das kleine, schüchterne Mädchen verwandelt hatte, mit dem sie groß geworden war.

«Ich meine Signore Franco und den Film. Ich will ihm das selber erzählen. Oder vielleicht erzähle ich es ihm auch nicht. Ich weiß noch nicht.»

«Papa mag vielleicht arm sein, aber er ist ein sehr kluger Mann. Wenn er nur ansatzweise mitbekommt, dass irgendwas im Busch ist, wird er dich danach fragen. Und wenn er dann denkt, du verheimlichst ihm etwas, nur weil es ihm vielleicht nicht gefällt, wird er sicher wieder sehr streng.»

«Ja, ich weiß. Vielleicht muss man ja so streng sein, um eine Familie zusammenzuhalten. Ich weiß jedenfalls, wie lieb Papa uns hat.»

Niemand im Dorf wusste, dass Chrissi in Thessaloniki heimlich zur Schauspielschule gegangen war: Mama nicht, die übrigen Geschwister nicht, der Bürgermeister und der Pope schon gar nicht. Jetzt im April, so kurz vor Ostern waren alle Schulen in Griechenland geschlossen, die Dorfschule genauso wie die Schauspielschule. Eigentlich war es die schönste Zeit des Jahres. Das Dorf leuchtete förmlich, und Chrissi vermisste Thessaloniki erst einmal gar nicht. Alle Hauseingänge waren frisch geweißt worden, wie jedes Jahr um diese Zeit. Auch die Baumstämme waren bis zur Höhe von etwa einem Meter weiß angestrichen worden. Überall war es grün und blühte, auf den Wiesen, den Hängen und in jedem Garten. Alles wirkte direkt adrett und hatte auf Chrissi eine beruhigende Ausstrahlung. Ihre Lieben waren beschäftigt mit den letzten Vorbereitungen, sodass das Starlet von Trikala seine Gefühle und Gedanken sortieren konnte.

Und dann war Ostern plötzlich da. Das heilige Osterfest. Am Sonntag war von all dem Grün und Weiß und Blau kaum noch etwas zu erkennen, so dicht hing der schwarze Rauch über dem Dorf, seinen baumbewachsenen Hängen und Feldern. Überall drehten sich Lämmer am Spieß und warteten darauf, von Verwandten, Freunden oder Nachbarn verspeist zu werden. Man begrüßte sich mit «Christos Anesti». Die Auferstehung Jesu wurde nicht nur beim Gottesdienst in der Kirche gefeiert, sondern auch auf dem Dorfplatz, wo alle bis spät in den Abend hinein sangen und tanzten. Was heißt *bis spät in den Abend hinein*? Sie sangen und tanzten drei ganze Tage lang. Erst dann wurde es im Dorf wieder etwas ruhiger, auswärtige Gäste reisten ab, der Rauch lichtete sich, und der Alltag hielt wieder Einzug.

Und auch die Ruhe, um über ihre Zukunftspläne zu sprechen, fand Chrissi erst jetzt, ein paar Tage nach dem ausgelassenen Fest. Die Feier hatte sie zuversichtlich werden lassen: Vielleicht durfte sie ja ausbrechen aus der Familientradition, die alles dem Überleben unterordnete. Träume, Leidenschaften und Gefühle existierten in dieser Welt nicht. Die Frauen kümmerten sich in erster Linie um die Kinder, den Haushalt, den Garten und die Ernte auf den Feldern – und damit hatten sie genug zu tun. Sie selbst, ihre Erwartungen und Wünsche kamen in dieser Aufzählung nicht vor, nicht einmal ganz zuletzt. Chrissi wollte ein anderes Leben für sich. Sie nahm all ihren Mut zusammen und sprach ihren Vater mit dem Satz an, den sie über die Feiertage immer wieder geübt hatte:

«Papa, ich habe einen Traum. In Saloniki könnte ich ihn mir erfüllen. Eigentlich ist er sogar schon Realität.»

«Was willst du denn in der großen Stadt, mein kleines Mädchen», fragte Kostas zunächst noch neugierig.

«Ich möchte Schauspielerin werden. Ich habe einen Platz an der Schauspielschule bekommen und auch schon meine erste Rolle. Dafür werde ich bezahlt. Ich spiele in einem richtigen Film mit. Was sagst du dazu? Darf ich?»

Kostas sagte eine Weile nichts. Er starrte seine Tochter an, ordnete seine Gedanken und versuchte, sie in Worte zu fassen. Das war einfach und schwer zugleich.

«Nichts da. Das ist doch kein Beruf. In unserer Familie wird man von jeher Bauer oder Bäuerin. Nicht nur in unserer Familie, in unserem Dorf. Und das ist auch gut so», antwortete er kurz, laut und sehr streng und bestimmt.

Danach sagte er wieder eine Weile nichts und versuchte wohl, seinen Zorn niederzukämpfen. Chrissis Versuch, aus seiner Welt auszubrechen, gab ihm das Gefühl, dass in dieser Welt etwas nicht stimmte, dass sie nicht mehr gut genug war. Doch das war sie. Und das würde er dem Kind jetzt auch zeigen. Nein, er würde sie nicht schlagen. Dafür war sie zu alt. Aber, apropos alt:

«Wir suchen jetzt einen Mann für dich.»

Chrissi war wie erstarrt und traute sich nicht, zu widersprechen. Jeder Einwand erschien überflüssig, ihr Schicksal war besiegelt worden durch das Machtwort ihres Vaters. Sie hatte ja bereits geahnt, dass das Ansehen der Familie leiden könnte, wenn sie ihrem größten Wunsch, weiterhin auf die Schauspielschule zu gehen, folgte. Sie hatte sich für die Diskussion noch ein paar schlaue Sätze zurechtgelegt, ein Mensch könne sich nur weiterentwickeln, wenn er auch Fehler machen dürfe und so weiter. Aber statt zu diskutieren, schluckte sie nur kurz und bedankte sich, angehört worden zu sein. Sie schämte sich fürchterlich. Einerseits hatte sie ihre große Schwester verraten, die ja eigentlich hätte aufpassen sollen, dass Chrissi keine Dummheiten machte. Andererseits hatte sie auch Bauchschmerzen wegen Signore Franco. Er hatte ihr eine Chance geboten, die sie nun mit Füßen trat. Sie hatte ihn zwar schon vor den Sitten und Gebräuchen auf dem Land gewarnt, als sie zuletzt bei ihm im Büro gesessen hatte, doch er hatte nur gelacht und von den Filmarbeiten gesprochen, die sie auf der Insel erwarteten.

In den Nächten nach dem Gespräch mit ihrem Vater weinte sie heimlich über ihren geplatzten Traum. Andererseits war sie auch stolz, es so weit gebracht zu haben. Sie hatte auf den Brettern gestanden, die die Welt bedeuten, und sie hatte – und das war ihr noch wichtiger – mit ihrem Vater darüber gesprochen, was sie, Chrissi, sich vom Leben wünschte. Beides hatte sie bereits zu einem anderen Menschen gemacht. Wahrscheinlich hatte ihr Vater recht gehabt und den großen Traum rechtzeitig als Hirngespinst abgetan. Er meinte es nur gut. Jetzt wurde sie zu Hause gebraucht. Auf den Feldern brach die Baumwollzeit an. Die Saat musste ausgebracht werden. Man musste wässern und jäten. Mit ihrer Hilfe und ihrer Kraft gab es ab Oktober eine gute Ernte. Aber für Chrissi war das keine Zukunft, in der sie sich sah. Zwar half sie überall mit, wo sie gebraucht wurde, erledigte die immer gleichen Arbeiten wie putzen, kochen, ernten, ohne dabei jedoch richtig anwesend zu sein. Fast apathisch absolvierte sie ihr Programm – bis Deutschland sie brauchte. Die Jahre, die dann kamen, sind Geschichte (und haben aus uns Königinnen der bunten Tüte werden lassen).

TEIL 2

KAPITEL 8

NIX WIE WEG

Sie ist weder sensibel noch sinnlich, und besonders sympathisch ist sie auch nicht.» Ich muss schlucken, bevor der Autor im nächsten Satz mit seiner vernichtenden Kritik noch nachlegt.

«Ich empfinde sie immer als zu kühl. Lebensfreude kann ich an ihr kaum entdecken, und ihr Äußeres empfinde ich sogar als hässlich, obwohl das viele Menschen anders sehen.»

Die Beschreibung könnte eins zu eins auf mich zutreffen. Ich stelle mir meistens dann ein schlechtes Zeugnis aus, wenn ich das Gefühl habe, als Einzige im Raum laut gelacht zu haben. Doch jetzt ist Außenwirkung erst mal egal: Ab heute ist Urlaub angesagt, und der beginnt morgens um kurz nach sechs am Hamburger Flughafen. Der Text, aus dem diese wenig erbaulichen Zeilen stammen, ist ein Essay aus der NZZ am Sonntag, der im Hamburger Abendblatt ausführlich diskutiert wird. Ich lehne mich bei der Lektüre entspannt zurück, während die Lokalpresse aufgeregt hyperventiliert. Denn für den Schweizer Kollegen ist die Sache ganz klar: Er möchte auf keinen Fall in Hamburg leben. Also der Stadt, die in meinem griechischen Reisepass als Geburtsort eingetragen ist – Amvourgo.

Ich mag Berlin, Köln oder Frankfurt. Aber nur mit einer Rückfahrkarte nach Hamburg im Gepäck. Schon beim ersten Schüleraustausch in Moskau hatte ich nach drei Tagen Bauchschmerzen.

In einem hat der Text jedoch womöglich recht: Viele Zugezogene haben in Hamburg das Gefühl, am falschen Ort zu leben.

Chrissi, meine Mama, zum Beispiel hegt und pflegt dieses Gefühl schon seit 60 Jahren. Jetzt sitzt sie in einer schwarzen Strickjacke neben mir, verfolgt neugierig die Modetrends in der *Grazia* – und freut sich auf Griechenland. Fasziniert studiert sie Animal-Print-Sandalen, von denen die Moderedakteure in diesem Sommer Großes erwarten.

«Soll ich kaufen?», fragt sie mich mit einem schelmischen Grinsen und blättert dabei schon zur nächsten Modestrecke weiter, die Blusen im Leoparden-Look feiert. Währenddessen nippt sie ganz elegant an ihrem Pappbecher, als würde sie Champagner trinken. Dabei ist der Inhalt für andere in Wahrheit ungenießbar.

Instant-Kaffee mit vier Stück Würfelzucker – Chrissi trinkt ihren Kaffee schon länger viel zu süß, als sie in Hamburg nicht heimisch ist.

Wenn wir erst eine Zeitlang unterwegs sind, wird sie auch herzhaften Reiseproviant aus ihrer Handtasche zaubern, so wie früher auf unseren Zug- und Autofahrten nach Griechenland. Mit vier in Alufolie eingewickelten und am Vorabend selbst gebratenen Frikadellen haben wir beim Sicherheitscheck beinahe einen Großalarm ausgelöst, weil Chrissi vor den Augen der Bundespolizei mit den Kugeln wie eine Widerstandskämpferin hantiert hatte, als würde sie jeden Moment vier Handgranaten zünden.

«Eine echte Knaller. Hälfte Schwein, Hälfte Rind und Knoblauch, Zwiebel auch halbe-halbe», hatte sie versucht, dem Sicherheitsbeamten ihre Hackbällchen schmackhaft zu machen, der sich trotz der leckeren Zutaten nicht bestechen ließ, sondern uns den üblichen Parcours aus geleerten Taschen, erhobenen Händen und nachträglich gescannten Schuhen absolvieren ließ.

Wir sind zwar immer noch am Boden, haben aber Lebensmittel satt, und es ist fast wie in besten Kiosk-Zeiten, nur Springer Urvater fehlt noch. Warum heben wir nicht ab? Irgendetwas läuft schief. Laut dem Dieter-Thomas-Heck-artigen Flugbegleiter, der sich vertrauensvoll (und für alle gut hörbar) an uns wendet, sind angeblich drei Passagiere mehr an Bord, als offiziell eingecheckt haben, was einerseits zu hektischem Aufstehen, Vorbeiquetschen in den Gängen und wieder Hinsetzen führt und gleichzeitig zu einer komplizierten Rechenaufgabe. Der blonde Steward kommt beim Nachzählen dummerweise nicht weiter als bis zur zwölften Reihe. Dann fängt er wieder von vorne an. Und wieder. Und noch einmal, weil es so viel Spaß gemacht hat. Unsicher wie ein Referendar am ersten Arbeitstag schaut er uns bei jeder Zahl mit weit aufgerissenen Augen an und zählt laut und langsam durch, als seien wir hier auf einer Klassenfahrt.

«Eins, zwei, drei, vier …»

Irgendwann hat der Flugbegleiter es geschafft und muss nur noch die freien Plätze abziehen. Dabei verzieht er die Mundwinkel zynisch: Das Ergebnis stimmt noch immer nicht. Wir sind weiterhin mehr Passagiere an Bord, als vom Bodenpersonal ausgewiesen und auf der Flugliste ausgedruckt. So wird das nichts mit dem pünktlichen Abflug, was vor allem den Rückflug und den geregelten Feierabend der Crew gefährdet. Nach einer erneuten Boardkarten-Kontrolle verlassen die drei vermeintlich blinden Passagiere den Billigflieger. Sie tragen Strohhüte, Flipflops und neonfarbene Badeshorts. Nächster Halt: Cala Rajada. Sie haben sich vermutlich gedacht, dass mäßig exotische Reiseziele am Mittelmeer doch alle gleich sind, ab einem gewissen Alkoholpegel unmöglich zu merken und über die knarzenden Lautsprecheranlage des Flughafens schwer zu verstehen und deshalb: *Mensch Kalle, komm endlich, wir nehmen jetzt einfach den.* Cala Rajada klingt ja auch so fast wie Kalamata.

Der Herr hinter mir ruckelt am Sitz und flüstert mit seiner Frau. Vielleicht hat er mich erkannt? Das ist möglich, aber selten und eigentlich ganz schön. Wenn es etwas gibt, das ich aus Mamas Tagebuch erfahren habe, dann ist es, dass sie es war, die mir den Wunsch nach Scheinwerferlicht mitgegeben hat. Ich wollte immer gerne ins deutsche Fernsehen. Das war mein Ziel. Ich verstecke mich jetzt trotzdem hinter dem Abendblatt, doch keine Lust auf ein Selfie und Smalltalk, schon gar nicht im Urlaubsflieger in die Heimat. Für mich ist das immer eine ganz besondere Zeremonie. Inzwischen rollen wir. Endlich!

«Wir haben Rückenwind», verrät der Pilot und verspricht, die Zeit wieder aufzuholen.

Herzlich willkommen auf dem Captain Vassilis Constantakopoulos Airport in Kalamata. Die Sonne knallt. Wir sind da! Es dauert nur drei Sekunden bis zu meiner Metamorphose. Mein Körper saugt die Energie auf, als wäre ich solarbetrieben. Jeder Atemzug ist wie eine Mini-Meditation: Ich bilde mir ein, den Duft von Pinienwäldern und Wildkräutern zu inhalieren mit einer leichten Brise Kerosin, das denselben Effekt hat. So riecht Sommerurlaub. Ich muss drei Mal blinzeln und passe meine Schrittgeschwindigkeit an 38 Grad im Schatten an. Ab jetzt ticken die Uhren langsamer. Siga, siga … gemach, gemach.

Wir haben zehn Tage Zeit für unser Abenteuer, eine

Mutter-Kind-Kur am Mittelmeer. Das Kind bin in dieser Konstellation ja ich. Ich stelle mir eine Mischung aus Studiosus-Reise, Selbstfindungstrip und Badeurlaub vor. Chrissi setzt ihre Prioritäten in genau umgekehrter Reihenfolge. Wir haben so eine Reise zu zweit seit Jahren nicht gemacht. Aber nachdem Chrissi meine Fragen zu ihrem Tagebuch eher vage beantwortet hat, dachte ich irgendwie, dass Ermittlungen vor Ort die Sache vielleicht auch voranbringen können. Außerdem tut Urlaub uns beiden gut.

Vor dem Flughafen wartet ein weißer VW Polo auf uns. Wir werfen die Koffer auf die Rückbank, setzen unsere Sonnenbrillen auf und sind startklar. Ich drehe den Zündschlüssel um und lasse als Erstes die elektrischen Fenster runterfahren. Zwei Mal Hupen an der ersten Kreuzung, Arm raus und Mittelfinger hoch. (Das war ich nicht!) Wir biegen Richtung Mani ab. Nach dem dritten Kreisverkehr schläft Mama. Das wird ja ein spannender Roadtrip, denke ich. Aber: Siga, siga … Eigentlich wollen wir herausfinden, wo wir herkommen, wo unsere Wurzeln liegen, wer wir sind. Ich zumindest. Mal zehn Tage ganz allein mit Mama am Mittelmeer verbringen. Wer weiß, wie oft ich ihr einen Heimaturlaub noch zumuten kann. Nach kurzem Zögern hat sie der Reise schließlich zugestimmt. Ausgerechnet in eine Region, die sie bislang auch nur von Schwarzweißfotos kannte. Papou, mein Großvater, ist ganz im Süden Griechenlands geboren, auf der Halbinsel Peloponnes. Hinter der Lidl-Filiale wird die Landschaft plötzlich rau, felsig und das Hinterland sehr bergig. Die Landstraße führt zuerst durch Olivenhaine, gelbes Stroh liegt zwischen den Bäumen und Steinmauern, Straßenkatzen und -hunde streunen umher. In diesem Sommer ist alles vertrocknet. Dann führen die ersten Serpentinen steil hoch, nach einer halben Stunde kurven wir wieder runter. Die Straße wird von roter Asche und Felsbrocken gesäumt, der Horizont verschwimmt in der Hitze wie eine Fata Morgana, die rostigen Leitplanken in den Kurven sind verbeult und geflickt. Ein überladener LKW schneidet die Kurve, das Hupduell und meine griechischen Schimpftiraden wecken Chrissi auf.

«Thalassa – das Meer», freut sie sich ausgelassen, als sie hinter einer Kurve das strahlende Blau einer Bucht entdeckt.

Mama gähnt zufrieden und schaut sich weiter um.

«Siehst du riesige Geranie? Wunderschön.»

«Nächste Jahr wünsche ich mir wieder kleine Olivenbaum und große Oleander», legt Mama nach. Den grünen Daumen hat sie mir aber leider nicht vererbt.

«Mein letzter Olivenbaum hat alle Blätter verloren. Und der Oleander ist sogar neben dem Heizungskeller eingegangen. Hamburg ist einfach noch nicht in der richtigen Klimazone für diese Pflanzen.»

«Ach. Dann fährst du eben zu Reginas Hof», neckt sie mich.

«Recyclinghof, Mama», belehre ich sie, als würden wir für den Einbürgerungstest üben.

«Aber so etwas scheint es hier ja immer noch nicht zu geben, oder warum stellen die Griechen ihre kaputten Autos einfach am Straßenrand ab?», wutbürgere ich gleich weiter.

Chrissi zuckt mit den Schultern und wirft ihr Bonbonpapier aus dem offenen Fenster.

Vollbremsung, Rückwärtsgang, Warnblinker.

«Katze tot?», fragt sie mich unschuldig, nachdem ich das vertrocknete Gras auf dem Seitenstreifen auf der Suche nach einem goldenen Fetzen Werthers-Echte-Papier vergeblich durchkämmt habe.

Die Mülltonnen am Straßenrand quillen sowieso über, tröste ich mich. Wahrscheinlich wird gerade wieder gestreikt, was bei den traurigen Gehältern kein Wunder ist.

Je südlicher wir fahren, umso rustikaler und einfacher wird die Architektur. Einige der traditionellen Steinhäuser wurden mit Plastikveranden und Wellblech aus dem Baumarkt aufgerüscht. Der Großteil ist aber schlicht und schön und mit Natursteinen verkleidet. Das tiefblaue Meer liegt uns zu Füßen. Es ist hier weniger staubig als in manchen unserer Familien-Legenden, sondern im Gegenteil erstaunlich grün. Meine Rezeptoren springen sofort auf die Botenstoffe an. Ich mag den Mittelfinger (der Peloponnes) sehr.

Hier kommen wir also her.

KAPITEL 9

ZU GAST BEI NIKOS KAZANTZAKIS

In der Bucht von Kalogria hoffe ich am nächsten Morgen auf gute Aussichten. Adonis ist aber offenbar ausgewandert, am Strand jedenfalls suche ich ihn vergeblich. Chrissi qualifiziert den Anabolika-Trottel zu unserer Rechten denn auch gleich mit einem energischen «Wie diese ... Tim Wiese ...» ab. Recht hat sie.

An griechischen Stränden gibt es keine Strandmuscheln und auch kein FKK. Jeder markiert sein Revier völlig ausreichend mit aufblasbaren Schwimmhilfen und Kaffeebechern. Die Gäste sind mehrheitlich griechisch. Links neben uns lässt sich ein Mann sein Fell kraulen. So schöne Rückenfrisuren gibt es nur hier.

An meinen Gedanken merke ich, dass es schon wieder ziemlich heiß wird. Ich sollte mich abkühlen und eine Runde zur Boje schwimmen. Plansch.

Mittendrin im sogenannten kühlen Nass steht Chrissi: ein Leuchtturm im türkisfarbenen Wasser, ganz klassisch mit Strohhut und schwarzem Badeanzug. Zufrieden schaut sie in Richtung Horizont. Das warme, salzhaltige Meerwasser hat bei ihr die Wirkung einer Heilquelle.

Vor drei Wochen noch war sie unglücklich gestürzt, weil sie Schmerzen in den Beinen hatte und nicht gut zu Fuß war. Statt einen Arzt aufzusuchen, hatte sie aber sehr schnell eine eigene Diagnose gestellt und mir nebst Therapieansatz präsentiert:

«Wirsing war alle», erklärte sie mir den mit Rotkohl improvisierten Wadenwickel. Ich weiß nicht genau, welcher Anteil an der Genesung dem Kohl zuzuschreiben ist und welcher dem Meer, aber ich fürchte, wenn sie gleich auch noch ihren Energydrink auf Eis serviert bekommt, ein Frappé glykó me gála, wird sie heute Abend die Coverband im Hotel Aphrodite als Tänzerin unterstützen.

«Parakalo, Bitte schön!»

Der freundliche Kellner serviert den Eiskaffee mit geschütteltem Schaum direkt an der Liege in vier Variationen, als wir zurück an Land sind. Es gibt Frappé mit so gut wie gar keinem Zucker. Also ein Würfel, leicht süß. Dann mit zwei Würfelzucker, für unruhige Kinder und Oligarchen. Normal sind drei Stück, und für Chrissi gibt es die sacksüße Variante, mit vier Stück Zucker.

«Die Liegen am Wasser sind für die Reichen reserviert», erklärt mir der besagte, sehr freundliche Kellner, von dem ich inzwischen weiß, dass er Michalis heißt – mit bayerischem Akzent. Ich antworte ihm stolz auf Griechisch und frage nach seiner Herkunft.

«Mein Vater kommt aus dem Allgäu und hat auf Samos geheiratet, ich lebe jetzt in Athen.»

«Und was machst du hier?», hake ich nach. Neugierig oder interessiert, das ist schwer zu sagen.

«Das ist nur ein Ferienjob», winkt er ab.

Michalis ist für einen Studenten zu alt, ich schätze ihn vielleicht auf Mitte, Ende 30. Von der Sonne gebräunt, der Fünf-Tage-Bart grau meliert. Michalis hat kurze Haare und ein paar Rastalocken, die er hochgesteckt und zusammengebunden unter seiner ausgewaschenen Mütze trägt. Mit Sonnenbrille sieht er fast so lässig aus wie Johnny Depp. Er hat die Kippe im Mundwinkel und dunkle Augenringe, die er hinter einer Sonnenbrille mit Holzrahmen versteckt, der rau wirkt, aber irgendwie stabil. Das ist kein Plastik. Und auch kein Holz. Michalis bemerkt meinen rätselratenden Blick, noch bevor ich die Frage formuliere.

«Das ist griechisches Seegras. Posidonia oceanica. Das Zeug liegt hier am Strand rum und wird normalerweise weggeworfen. Ein Freund von mir baut daraus Brillen und Hüllen für Handys.»

«Vielleicht kann er es auch mal mit Kaffeebechern

probieren», schlage ich vor und winke in Richtung überquellende Mülltonnen.

Michalis lacht, bedankt sich für das Trinkgeld und steckt die Münzen in eine Tasche, die er dort trägt, wo andere ihr Körperfett ablagern. Ich lege mich fest: Er kommt am ehesten für den Adonis-Preis am Strand hier in Frage. (Das meint auch Mama.)

Mit jedem Getränk, das wir ordern, lernen Chrissi und ich unseren Strand-Adonis besser kennen. Schnell löst sich auch das Rätsel um den «Ferienjob»: Michalis nutzt die Sommersaison, um in der Gastronomie Geld zu verdienen. Viele seiner Freunde machen es genauso. Am Ende des Monats sind das vielleicht 1500 Euro. Das ist fast doppelt so viel wie das Durchschnittsgehalt von jungen Griechen. Aber es ist auch hart verdientes Geld – er wird in diesem Sommer keinen freien Tag, kein einziges Wochenende für sich haben. Es ist fast, also würde Michalis sein Athener Leben, in dem er als Programmierer arbeitet, anhalten und damit erst im Spätherbst weitermachen. Man sieht ihm an, dass er nicht von hier kommt, er hat auch am Strand eine Großstadtausstrahlung. Und man hört es auch.

«Glaubst du, dass Tsipras wiedergewählt wird?», frage ich ihn, weil der junge Anführer der linken Syriza-Bewegung ihm tatsächlich viel ähnlicher ist.

«Mir egal, geändert hat der auch nix. Nach den Wahlen werden hoffentlich die Mülltonnen wieder geleert.»

Zwischen geeisten Cappuccinos und Clubsandwich bekomme ich einen Crashkurs in aktueller griechischer Innenpolitik. So viel Details bekomme ich durch unsere Nachrichtensendungen gar nicht mehr mit. Wir berichten wieder wie vor der Krise, also vor allem über Waldbrände und Flugausfälle zur Ferienzeit.

«Was glaubst du, wie viele Parteien bei uns das Thema Klimapolitik überhaupt in ihrem Wahlprogramm hatten?»

«Zwei oder drei?», rate ich unbestimmt.

«Keine einzige.»

Sonst versorgt mich Chrissi mit Geschichten von Elliniki Radiofonia Tileorassi, das sie über Kabel auch in Harburg empfängt. Von ihr weiß ich auch, dass in letzter Zeit mehr als eine halbe Million Griechen ausgewandert ist. In den USA, in Australien oder irgendwo in Europa hätten sie wenigstens die Chance zu beweisen, was sie gelernt haben. Wie sehr mich die Geschichten über junge Auswanderer immer an Chrissi selbst erinnern, die sich vor fast 60 Jahren mutig für das Leben als Gastarbeiterin entschieden hat, ohne einen Schulabschluss und ein Studium als eine Art Lebensversicherung für ein neues Leben in der Ferne zu haben.

«Weißt du eigentlich, wo du hier gelandet bist?», fragt mich Michalis jetzt etwas milder und steckt sich eine Assos Filter an.

«An einem sehr schönen Ort», antworte ich ehrlich.

Er lacht.

«Das auch. Aber schau mal dort rüber. Siehst du die kleine, weiße Hütte?»

Michalis zeigt mit seiner Kippe auf ein Häuschen vorne auf den Klippen, die die Bucht rahmen. Es ist nicht besonders groß, hat braune Türen und Fensterläden und glänzende, rote Dachziegel.

«Mehr braucht man nicht, oder? Vier Stühle, Sonnenschirm, einen Bauernsalat und Blick aufs Meer.»

«Vor 100 Jahren gab es hier in der Bucht nichts außer dem Haus. Zwei, drei Pfade durch das Schilf zum Wasser und goldgelben Sand – das war's.»

Ich kann es mir lebhaft vorstellen – es muss ja einen Grund gegeben haben, warum mein Großvater, der aus dieser Region stammte, sie verlassen hat.

Aber Michalis möchte mir eine andere Geschichte erzählen, die ich so noch nicht kannte. Die Zutaten: Tanz, Leidenschaft und Suff. Also im Grunde genau das, was man noch heute jeden Abend im Hotel Aphrodite, in dem Chrissi und ich hier untergekommen sind, beobachten kann. Als er noch zum Finale ansetzt, wird mir klar: Hier, genau hier, spielte die Geschichte von Alexis Zorbas!

Anthony Quinn soll hier am Strand gelebt und gefeiert haben? Na gut, man erzählt sich bis heute, dass der Schauspieler den Sirtaki mit seinen schleppenden und schleichenden Schritten nur erfunden hatte, weil sein Fuß gebrochen war. Linkes Bein nach vorne, rechtes Bein zuerst nach hinten angewinkelt, Kick nach vorne, zwei Schritte nach hinten, zwei Schritte über

Kreuz zur Seite. Fortgeschrittene gehen dazu noch in die Knie, kommen zurück nach vorne, verlagern das Gewicht und schlagen am Ende noch mit der flachen Hand auf den Boden. Spektakuläre Sprünge gibt es dabei auch. Hoppa. Diesen Teil der griechischen Tanzfolge hat Quinn bzw. sein Fuß wohl nicht ohne weiteres auf die Reihe bekommen. So sind wir eben: Uns kann so schnell keiner imitieren.

Trotzdem bin ich skeptisch und frage nach.

«Der Film spielt doch auf Kreta. Dort hat doch auch der berühmte Schriftsteller gewohnt, dieser …»

«Nikos Kazantzakis. *Sosta*, korrekt.»

Wie sich herausstellt, ist Michalis' Geschichte noch längst nicht zu Ende: Nikos Kazantzakis hat vor etwa hundert Jahren in genau diesem kleinen Häuschen, das da vorne auf den Klippen thront, gewohnt. Sein Urgroßneffe lebt angeblich noch immer darin.

Michalis' Erzählung ist in der Gegenwart angelangt, er drückt seine Kippe im leeren Wasserglas aus und bricht auf in Richtung Bar, wo sich zwei Verehrerinnen um ihn balgen.

Ich sammle Chrissi ein. Nach einem langen Tag am Meer sind wir beide hungrig, bestellen fünf Fleischspieße mit Krautsalat und verziehen uns aufs Zimmer, bevor die notorische Band unser Gespräch übertönen kann.

«Mama, kennst du Alexis Zorbas?»

Sie schaut mich mit einem Lächeln an, steht wieder vom Bett auf, hebt ihre Arme und schnippt dazu im

Takt. Dann bekommt sie einen Lachanfall und lässt sich am Ende doch aufs Bett fallen. Genau wie ich vermutet sie einen der berühmtesten Griechen zunächst auf Kreta, wo ihr Bruder früher gearbeitet hat. Dort hat sie ihn manchmal besucht und im Zorbas-Museum so manche Ausstellung gesehen: *wunderschön*. Michalis' Geschichte nimmt sie genauso skeptisch auf wie ich – wir beschließen, uns den Film heute noch mal gemeinsam anzusehen.

Die Geschichte darin ist zeitlos und schön erzählt. Es geht um zwei ganz unterschiedliche Charaktere, den klugen und feinsinnigen Schriftsteller und den etwas groben, zupackenden Lebemann Zorbas. Es geht um eine Kohlemine, die es nur zwei Kilometer von unserem Hotel entfernt tatsächlich gegeben haben soll. Zu wenig Kohle, um davon zu leben, aber genug Energie für das einfache Leben. Sie feiern laut, lachen viel und tanzen wild durch die Nacht. Kurz vor dem Abspann schläft Chrissi ein. Ich decke sie mit ihrem Laken zu und verlasse leise das Zimmer, das wir uns teilen, um mir die Füße zu vertreten, die Sirtaki-Schritte auf dem Gang vorsichtig durchzuspielen und am Ende vielleicht noch etwas zu trinken.

Die Hotelbar ist nur noch mau besetzt. Ich bestelle ein Glas Weißwein. Es ist schön kalt, aber an den harzigen Geschmack muss ich mich erst wieder gewöhnen.

Michalis scheint Tag und Nacht zu arbeiten und steht auch jetzt an der Bar, ist aber recht schweigsam. Ich googel mich durch Alexis Zorbas' Rezeptionsgeschichte und erfahre, dass Alexis Zorbas eigentlich Georgios Zorbas hieß. Er kam aus Mazedonien hier in die Mani-Region, sollte für Kazantzakis tatsächlich in einer Kohlemine arbeiten, doch beide wurden auch so etwas wie beste Freunde. Ihre Geschichte hat Nikos 25 Jahre später aufgeschrieben. Georgios ist später in Skopje gestorben, nachdem die Nazis ihm all seinen Besitz nahmen. Das soll er nicht verkraftet haben. Dieser Teil seiner Lebensgeschichte wollte er aber, auch auf Wunsch seines Sohnes, nie in einem Buch lesen. So ist aus Georgios Zorbas dann Alexis geworden, und aus der kleinen Bucht auf der Mani der Film auf Kreta.

«Für mich ist jetzt gleich Feierabend», informiert mich Michalis, und ich schrecke auf.

Ich nicke nur, nehme einen letzten Schluck.

«Kali Nichta.»

KAPITEL 10

FTOU, FTOU, FTOU

Mama, du kannst endlich wieder wie Zorbas tanzen»,
rufe ich euphorisch von meinem Bett.

Chrissi sitzt nach ihrem späten Powernap kichernd
und hellwach vor dem Fernseher und winkt ab.

«Ich würde nix heiraten, ist keine gute Mensch»,
kommentiert sie die Partnerwahl, die ich forsch für sie
getroffen habe.

«Och. Ich find ihn ganz cool mit seinem Vollbart und
dem Bauch.»

«Knabbert bestimmt Fingernägel wie Jogi Löw, ist
auch zu dünn», lästert sie von der Couch, während
sie weiter hochinteressiert eine Kuppelshow im griechischen Fernsehen ansieht. Allerdings ist es nicht
das Geschehen auf dem Bildschirm, das sie hier kom-

mentiert: Gleich nach unserer Ankunft hat Facebook mir die Tochter meiner Cousine Litsa als Freundin vorgeschlagen, ich habe sie auch sofort hinzugefügt. Die Kleine, die ich noch nie gesehen habe, scheint in all den Jahren, in denen ich nur von ihrer Existenz ahnte, ins heiratsfähige Alter hineingewachsen zu sein, auf jeden Fall ging es in ihren Posts um nichts anderes. Weil ich die Hochzeitsgruppe gleich like, schickt sie mir eine Direktnachricht hinterher. Sie würde sich sehr freuen, wenn wir zu ihrem großen Tag kommen würden, wo wir schon mal in Griechenland seien. Die Einladung, auf der das glückliche Paar in legerer Freizeitkleidung zu sehen ist (er: mit Bauch und Vollbart, sie: mit großer Zervakis-Nase), hängt an. Wir sind also spontan zu einer griechischen Hochzeit eingeladen und können dort alle Verwandten auf einmal treffen. Die Reise nimmt einen anderen Verlauf als gedacht, und so wird aus unserer Mutter-Kind-Kur am Strand tatsächlich noch eine Reise zu meinen Wurzeln – und ich finde es wunderschön. 250 Gäste sind für griechische Verhältnisse eher bescheiden und übersichtlich. Um an diesem Familientreffen in Weiß teilnehmen zu können, müssen wir eigentlich nur unsere Rückflüge umbuchen und ein paar Kleinigkeiten erledigen. Obwohl sich Mama grundsätzlich sehr über Feiern in Griechenland freut, ist sie, was ihre Teilnahme angeht, skeptisch.

«Och nee, ich weiß nicht», zögert Chrissi.

Das ist ihre Standardantwort, wenn ich mal einen Betriebsausflug mit der Familie vorschlage. Danach fasst sie sich ans Knie, als wäre sie kurz vor der Strafraumlinie brutal umgehauen worden.

Unser Dialog läuft vorhersehbar schleppend an, wie die automatisierte Einwahl bei einer Hotline, bei der ich erst mal sämtliche Nachfragen der Computerstimme per Zahleneingabe beantworten muss, um mein Anliegen am Ende doch beim Kundenberater loswerden zu können.

«Und was ist mit meinen Geranien auf dem Balkon, sollen verdursten?», lehnt sie die Möglichkeit einer späteren Heimkehr nach Harburg zunächst brüsk ab.

Ich drücke erneut auf die Taste zwei und erinnere sie daran, dass mein kleiner Bruder gerade die Verantwortung für Pflanzen und Postkasten trägt und das vermutlich auch noch fünf Tage länger leisten kann.

«Du bekommst doch gar nicht frei», sucht sie weitere Ausreden bei mir.

«Doch, bekomme ich. Ich habe schon mit Herrn Hofer gesprochen.»

Schachmatt. Wenn der Chefsprecher zustimmt, klingt das in den Ohren meiner Mutter wie ein Machtwort der Kanzlerin.

«Na gut, dann schau nach Flügen. Wenn zu teuer, nix Hochzeit», gibt sie endlich nach.

Ich freue mich wahnsinnig!

Nach zehn Jahren werden wir endlich wieder die Gelegenheit haben, die komplette Familienbande auf einen Schlag zu sehen. Der Onkel aus Amerika, seine Kinder und vielleicht auch alle 50 Cousins und Cousinen an einem Ort versammelt. Es gibt da allerdings noch ein kleines Problem, das ich Chrissi jetzt lieber verschweige: Tante Stavroula, ihre ältere Schwester aus Thessaloniki. Sie ist ein herzensguter Mensch und eine Frau, der noch nie ein böses Wort über die Lippen gekommen ist, geschweige denn, dass sie über andere lästert. Zumindest habe ich das noch nie gehört oder konnte es mit meinem … ausbaufähigen Griechisch nicht gut genug verstehen …

Tante Stavroula ist für meine Mutter besonders wichtig, die große Schwester, ihr absolutes Vorbild. Sie war es, bei der Chrissi als Mädchen in Thessaloniki wohnte, um bei Signore Franco Schauspielunterricht zu nehmen. Ihr Herz ist mindestens so groß wie der Vollmond über der Ägäis. Ihre Wohnung hatte immer nur einen Eingang, keine Hintertür. Ihre Tür stand stets allen offen, und im Ofen war immer ein Stück warmes Brot, egal wie groß die eigenen Sorgen auch waren.

In den letzten Krisen-Jahren bekam Stavroula, die inzwischen Rentnerin war, immer weniger Geld vom Staat. Das bisschen, was sie gespart und unter ihren Deckchen oder in Keksdosen versteckt hatte, klauten ihr mit einer griechischen Variante des Enkeltricks auch noch dreiste Ganoven. Und weil die Ganoven bei Tante Stavroula gleich mehrfach erfolgreich gewesen waren, meldeten ihre Söhne kurzerhand den Telefonanschluss, mit dem die Trickdiebe erfolgreich enge verwandtschaftliche Beziehungen vorgegaukelt hatten, ab und zogen den Stecker. Von jetzt an war Stavroula zwar vor Neppern, Schleppern und Bauernfängern sicher, konnte allerdings auch nicht mehr mit meiner Mutter in Deutschland telefonieren.

Weil ihre Leitung tot war, war die Schwester auch für Chrissi gestorben. *Kein Freizeichen* bedeutete für meine Mama, dass auch das Herz ihrer Schwester nicht mehr schlagen konnte.

Und auch ich traute mich nicht, einfach mal bei meinen Cousins zu fragen, wie es Tantchen denn so geht. Wer weiß, was sie womöglich antworten würden. So schwiegen wir meine Tante ein paar Jahre lang buchstäblich tot. Die Facebook-Hochzeitsgruppe hatte uns jetzt allerdings nicht nur eine überraschende Einladung beschert, sondern auch die Chance gegeben, die Spur im Fall Stavroula aufzunehmen. Sicher würde einer aus der Verwandtschaft etwas berichten können und meine Tante eventuell mitbringen. Insgeheim dachte ich angesichts der Möglichkeit dieser spontanen Wiederauferstehung tatsächlich, dass diese Hochzeit vielleicht die letzte Gelegenheit war, dass sich alle engeren Verwandten noch mal lebend sahen. Schließlich ist ein Großteil bereits dem Club der 80-Jährigen beigetreten.

Jetzt stand also die Hochzeit meiner Nichte zweiten Grades an, Chrissi war mit unserer Teilnahme einverstanden. In einer Woche würden wir mehr darüber erfahren, wie es Stavroula in den letzten Jahren ergangen war. Soll ich Mama vorwarnen oder lieber den Moment abwarten, in dem ihre große Schwester leibhaftig vor sie tritt? Abwarten. Bis dahin müssen wir schließlich noch viele wichtige Fragen klären: Was ziehen wir an? Und was sollen wir eigentlich verschenken? Der beste Ratgeber, den wir haben, ist selbstverständlich Tante Irini in Farkadona, die ihr Telefon zum Glück noch angemeldet hat.

«Hier zieht niemand mehr Kleider an. Weder beim Einkauf noch bei der Arbeit oder auf Feiern. Überall sieht man nur Hosen, Hosen, Hosen!», wettert sie energisch durch den Hörer.

Offenbar zeigen jetzt auch die Frauen auf dem Land, wie weit sie sich emanzipiert haben, indem sie sich selbstbewusst kleiden. Damit wäre ein Problem schon mal gelöst: Chrissi trägt seit Jahren schwarze Baumwollhosen und hat eine Auswahl davon eingepackt. Und ich habe einen schwarzen Jumpsuit im Koffer, der für ein Abendbuffet im Hotel genauso angemessen ist wie für eine Familienfeier.

Herrlich, denke ich, das wird meine Hochzeit. Ich hasse nämlich enge Kleider, wenn es warm ist.

Das schönste Geschenk für das junge Glück ist ebenso schnell gefunden: Bargeld in sauberen, gefalteten Scheinen. Das würden wir notfalls noch mit dem kleinen Bügeleisen aus dem Hotel hinbekommen, schlägt Chrissi vor und ergänzt, dass Rossmann ja so schöne Geschenkkarten führt. Die Drogerie und ihre Glückwunschkarten liegen dummerweise knappe 3000 Kilometer von uns entfernt. Also landen wir ziemlich schnell auf einem DIY-Kanal von YouTube und finden dort, was wir suchen: «Falten mit Yvonne» mit 25 verschiedene Origami-Ideen, also auch Faltanleitungen für … Kohle. Wir entscheiden uns, aus zwei Hundert-Euro-Scheinen ineinander verschlungene Herzen zu falten, die tatsächlich ganz rührend aussehen. Dazu werde ich die Rezeption bitten, ein geschwungenes «Just Married» auszudrucken. Fertig.

Nachdem wir am nächsten Tag alle Familienmitglieder in Griechenland auf jedem erdenklichen Kanal über unseren Besuch informiert haben, fällt die Aufregung über unsere Hochzeitsteilnahme erstaunlich gering aus. War das Telefonat mit Irini am Vorabend – wie Gespräche mit der griechischen Verwandtschaft häufig – noch so … emotional (ehrlich gesagt: fast schon hysterisch) ausgefallen, dass ich Chrissi und ihre Schwester auch ohne den eingeschalteten Lautsprecher aus fünf Metern Entfernung verstehen konnte, bespricht man jetzt in aller Ruhe logistische Details und schickte Herzkuss-Smileys. Als wir uns wieder auf unseren Sonnenliegen eingerichtet haben, ruft Tante Irini noch mal zurück:

Alle würden sich freuen, uns endlich wiederzusehen, und seien gespannt. Der Druck nimmt nun doch zu. Ist der Jumpsuit tatsächlich die richtige Wahl für eine

Dorfhochzeit? Sonst geht es nämlich eher chic zu, und meine Tanten und Cousinen fahren mehr Make-up auf, als Thomas Gottschalk in 70 Jahren verbraucht hat (und viel mehr, als ich habe). Und erst der Schmuck! Gegen meine griechische Verwandtschaft sieht jeder gut geschmückte Hoteltannenbaum zurückhaltend schlicht aus. Sind meine Absätze hoch genug für die hiesigen Standards? Aber wie soll ich damit tanzen wie Alexis Zorbas?

Chrissi und ich bleiben, ganz Mutter und Tochter, lieber am Tisch sitzen, wenn in Deutschland geheiratet wird. Wir empfinden es beide als Zumutung, vor der Kirche mit Reis beworfen zu werden und stehend, mit einem Glas Sekt in der Hand, auf die Gesellschaftsspiele oder Gedichte im Anschluss zu warten, die zu einer deutschen Hochzeit gehören wie der Baumstamm vor dem Standesamt. Aber wenigstens kennt man die Abläufe. Diesmal bin ich tatsächlich gespannt, weil ich in Griechenland erst zweimal auf einer Hochzeit war. Ich kann mich an die erste vor allem deshalb erinnern, weil mein Koffer nicht am Ziel angekommen war. In Jeans und Top sah ich offensichtlich so vertrauenerweckend aus, dass mir alle dort anwesenden Eltern ihre hübsch zurechtgemachten Kinder bedingungslos überließen, weil sie mich für die Hochzeits-Nanny hielten.

Ich habe das Gefühl, dass Mama sich inzwischen über meine Hochzeits-Panik amüsiert.

«Ja na mis se matiassoun!», beruhigt sie mich.

Sie wird also Knoblauch einstecken, um mich vor

den strengen Augen zu beschützen (alternativ ginge wohl auch ein Hemdknopf, finde ich später raus. Aber Knoblauch hat natürlich mehr ... Charme). Wir Griechen glauben, dass der böse Blick – «to matí» – ein Fluch ist. Wir sind davon überzeugt, dass ein neidvoller oder gehässiger Blick, den uns andere zuwerfen, Unglück, plötzliche Kopfschmerzen oder sonstige Schäden verursachen kann. Das geschieht meist nicht einmal mit Absicht, sondern eher unbewusst. Ich höre allerdings gerade zum ersten Mal, dass Knoblauch in der Hosentasche dagegen helfen kann – und hoffe, Chrissi hat es sich nicht ausgedacht. Bislang kannte ich nur die blauen, flachen und runden Glassteine, die als Fluch-Abweiser sehr verbreitet sind. Sie liegen meist in Geschäften oder Restaurants aus. Vor allem in ländlichen Regionen wissen die älteren Menschen sich aber durchaus auch aktiver zur Wehr zu setzen. Um Unheil zu vertreiben und auch das böse Auge abzuwehren, schwören sie auf das Spucken und simulieren in allen möglichen, mehr oder weniger passenden Situationen ein Spuckgeräusch: *ftou ftou ftou*. Erzählt zum Beispiel jemand von etwas Schlimmem, das einer anderen Person widerfahren ist, spuckt der Zuhörer entweder dreimal auf den Boden – oder macht zumindest das entsprechende Geräusch. Wichtig ist, falls Sie einmal in dieser Lage sind, dass alles auf jeden Fall immer dreimal gemacht wird!

Das gilt übrigens auch für Komplimente von Freunden oder Verwandten, klärt mich Chrissi auf:

«Du bist aber schön, mein Kind!»

«Ftou, ftou, ftou!»

«Und du siehst topfit aus, Tante!»

«Ftou, ftou, ftou!»

So langsam fühle ich mich doch ganz gut vorbereitet für das Familientreffen und male mir aus, wie uns beim wilden Tanzen säckeweise der Knoblauch aus den Hosentaschen fallen wird.

«Hoffentlich gibt es auch genug zu essen», jammert Chrissi jetzt thematisch passend, weil Tante Irini vorhin noch mal den Finger in die Wunde gelegt und sie an die letzte Hochzeit in Athen erinnert hat, die gleichzeitig meine zweite griechische Hochzeit war. Der glückliche Bräutigam, mein Cousin, hat viele Jahre seines Lebens in London verbracht und von dort auch die Inspiration für das Hochzeitsessen mitgebracht: Es gab Fingerfood. Das karge «flying buffet» galt als Kriegserklärung an die versammelte griechische Verwandtschaft, für die Quantität vor Qualität steht, erst recht wenn es um ein griechisches Hochzeitsbuffet geht. In der Familien-Legende, die seither über diese Hochzeit kursiert, ist von Mägen die Rede, die einem in Kniekehlen hingen und daher beim Tanzen behinderten.

Als ich anbiete, uns einen Snack am Kiosk zu besorgen, das dem Knurren im Magen ein Ende macht, lehnt meine Mama aber ab. Hätte ich mir denken können. Chrissi ist eigentlich schon von einer halben Knoblauchzehe satt.

«Linda, du bist schließlich wer. Auch hier. Stell dir vor, du bist in Griechenland Nachrichtensprecherin. Onkelchen kann mehr von dir erwarten als schwarze Jogginganzug», fährt sie mich jetzt an.

«Jumpsuit», korrigiere ich sie und erwäge eine spontane Absage. Eigentlich wollten wir uns doch am Meer erholen und ein bisschen Heimatluft schnuppern! Allerdings habe ich schon bei meinen Gesprächen mit Michalis gedacht, dass ich vermutlich mehr über unsere Wurzeln herausfinde, wenn ich mit den Menschen spreche, statt in der Öde irgendwelchen Hirngespinsten nachzujagen, die mutmaßlich mal Grundstein oder Basis dieser Familie waren. Dies ist schon lange nicht mehr das Land, das meine Eltern verlassen haben.

Mamas Druck wirkt sanft, aber nach: Ich mache ein Nagelstudio ausfindig, das in 30 Minuten mit dem Mietwagen zu erreichen ist. Ich investiere die Fahrzeit, einen Viertel Tank und rund 90 Euro in eine ordentliche Portion Schellack. Das Zeug ist mindestens so kratzfest wie Autolack und wird mich noch im Herbst daran erinnern, dass ich Gast einer griechischen Hochzeit war.

Chrissi ist zufrieden mit meinen roten Nägeln: «Passt gut zu Jogginganzug.» Ich habe ihr von meinem Ausflug zwei Pakete Haartönung von Lidl Hellas mitgebracht, die wir vor der Abreise auftragen. Mein Schellack erweist sich auch hier als extrem widerstandsfähig: Die

Fingernägel nehmen kein bisschen Farbe an, bleiben glänzend rot.

Mit dem Mietwagen brauchen wir sieben Stunden Richtung Trikala, der Weg ist nicht schwer zu finden: immer nach Norden. Allerdings geht es überhaupt nicht geradeaus. Am Fuße des Olymp ist mir schon ganz übel vom Schalten und Kurbeln und eintausend Kurven. Früher mussten wir auf der Strecke mehrmals halten, damit wir Kinder uns über die Steinmauern in die Parkbuchten übergeben konnten.

Chrissi rutscht unruhig auf dem Beifahrersitz hin und her und fummelt in ihrer Handtasche rum. Wonach sucht sie bloß? Vor ein paar Kilometern war sie ewig in der kleinen Tankstelle verschwunden, während ich an der Zapfsäule stand und sie dabei beobachtete, wie sie der Verkäuferin wild gestikulierend etwas zu erklären versuchte. Irgendwie komisch. In Deutschland spricht sie das Personal in den Geschäften oft auf Griechisch an, während sie hier ihren Kaffee grundsätzlich auf Deutsch bestellt. Vielleicht ist dieses Geraschel auch einfach eine Übersprungshandlung. Mama war vor fünf Jahren das letzte Mal im Dorf und ist jetzt gespannt auf das Treffen mit ihren Geschwistern und … überhaupt allen von früher, die noch am Leben sind.

In Farkadona sieht alles noch genauso aus wie vor über 30 Jahren, als ich hier zum ersten Mal war. Einige Häuser wurden in der Zwischenzeit renoviert, andere sind verfallen. Das gelbe Haus von Tante Irini leuchtet wie eine reife Zitrone in der Mittagssonne. Ihr Garten blüht bunt, nur die Fensterläden sind alle verschlossen.

«Hoffentlich ist überhaupt jemand da», bangt Chrissi und schaut neugierig aus dem Autofenster. Sie schnallt sich ab, verlässt den Mietwagen bei noch laufendem Motor und stürmt auf die Veranda zu, als müsste sie Kinder aus einem brennenden Haus retten.

«Irini? Irini? Iriniiiiiii?»

«Ich komme ja schon», hören wir nach kurzer Zeit eine dumpfe, leicht genervte Stimme hinter der abgesperrten Tür. Sie sei gerade noch im Keller gewesen, um nach den Kartoffeln zu sehen, behauptet sie. Viel wahrscheinlicher hat sie sich im Bad verschanzt, um eine Dose Haarspray systematisch über ihrer Frisur zu verteilen.

«Wo seid ihr denn nur die ganze Zeit gewesen?», schmettert sie uns kurz leicht vorwurfsvoll entgegen. Was wie eine nüchterne Begrüßung klingt, ist in Wahrheit ein warmes und herzliches «Hallo!».

Die beiden Schwestern begutachten sich zunächst skeptisch. Ihre Blicke sind so streng wie der Sicherheitscheck am Flughafen. Abstand halten, Abtasten und dann doch Durchwinken. Irini hängt mit ihren 82 Jahren noch selber Gardinen ab und ist entsprechend gut in Form.

«Du bist aber dünn geworden», sagen beide synchron zueinander. «Und deine Haare sind schön!», jubelt der Chor weiter.

Jetzt ist also die Zeit gekommen für Komplimente.

«Ftou, ftou, ftou!»

Nach dem Body-Check inspiziert Chrissi das Haus ihrer Schwester ebenso sorgfältig. Während meine Mutter sich noch umschaut, muss ihre Schwester heimlich irgendeinen Knopf gedrückt haben. Innerhalb kurzer Zeit sind wir von einer Menschentraube umzingelt.

Zuerst biegt Irinis Sohn mit seinem Audi um die Ecke, steigt aus und lässt den Motor laufen, um uns unverzüglich zu begrüßen. Auch mein Onkel Jannis steht plötzlich mit seiner Frau vor uns. Offenbar hat er seine geliebte Tavli-Runde im Dorf verlassen, um unverzüglich bei seiner Schwester zu sein. Je lauter geredet, gelacht und geschrien wird, umso mehr Nachbarn eilen herbei.

Chrissi wird herumgereicht wie ein Geschenk, aber nun doch überraschend wenig wohlwollend betrachtet, weil ihre Haare nach Meinung der meisten zu dunkel gefärbt sind.

«Das nächste Mal machst du sie heller!», weist ihr Bruder brüsk an, der jahrelang als Taxifahrer in New York die Frisuren der Welt im Rückspiegel begutachtet hat.

Als Nächste werde ich ausgiebig betrachtet. Zumindest mit meiner Frisur ist man einverstanden. Dann werde ich aufgefordert, Familienfotos zu zeigen. Mein Onkel hat ja im Sommerurlaub '93 einen Marinesoldaten für mich ausgesucht, der heute keine Rolle mehr in meinem Leben spielt, was meinen Onkel nachhaltig enttäuscht. Aber meine Kinder findet er süß.

Im Gegenzug präsentiert er auf seinem Handy stolz Bilder seines Enkelkindes.

«Sieht aus wie Papou, wie ich», wiederholt er verzückt seufzend.

«Stimmt, du siehst jünger aus als deine eigenen Kinder. Ein Wunder ist geschehen!», pflichtet meine Tante ihm genervt bei.

Tatsächlich sieht er für seine fast achtzig Jahre noch ziemlich gut aus.

«Unser Junge sieht auch gut aus. Seine Frau ist in Ordnung. Aber er hätte eine noch hübschere haben können.»

Eine bessere Vorbereitung für die große Hochzeit morgen werde ich nirgendwo bekommen. Es kann losgehen.

KAPITEL 11

MY BIG FAT GREEK WEDDING

Am nächsten Morgen lockt mich das Licht schon früh nach draußen. Beim Frühstück verstecke ich mich hinter einer großen Sonnenbrille und strecke die Beine auf der Veranda aus. Keiner da. Zur Sicherheit schaue ich mich noch mal kurz um und lege die nackten Füße dann unbeobachtet auf den Korbstuhl von Tante Irini, damit die Sonne mich noch etwas aufwärmen kann. Alles fühlt sich gut an. Auf meinen dunklen Teint bin ich in diesem Moment ein bisschen stolz. Sieben Tage zwischen Strandliege und Salzwasser haben mich verwandelt. Ich kann heute Abend endlich auf eine Strumpfhose verzichten. Nur im Gesicht würde sie sich vielleicht ganz gut machen. Trotz all der Sonne bin ich um die Nase etwas blass, und der kalte Winter hat wie jedes Jahr ein paar mehr Falten hinterlassen. Meine Cousinen und Tanten nehmen bereits alle Termine beim Friseur oder bei Marina, der Maskenbildnerin der Braut, wahr. So fallen Mutti und ich heute Abend schon mal auf: Chrissi hat noch nie Lippenstift oder Make-up verwendet, sie wird heute auch nicht damit anfangen. Vielleicht ist ihre Haut auch deshalb nach 80 Jahren noch immer glatt und weich wie die Schale einer reifen Olive. Kaum denke ich an sie, kommt sie auch schon strahlend auf die Terrasse. Ich frage sie, ob sie noch Lust auf einen kleinen Spaziergang durchs Dorf hat. Die Hochzeit fängt wegen der Hitze erst um 18 Uhr an.

«Ich koche Mittagessen», entschuldigt sie sich.

Klar, denke ich mir, wir bekommen heute auf der Feier bestimmt nur etwas Fingerfood, da sollte man vorher natürlich gut gegessen haben. Wenigstens ein bisschen Lamm oder etwas Schwein, wahrscheinlich beides. Und dabei reden wir hier nur über die Vorspeisen.

Weil Chrissi zum Frühstück nicht mehr als einen Keks und eine Tasse Kaffee mit vier Stück Zucker braucht, verschwindet sie nach zehn Minuten tatsächlich wieder bei Irini im Haus. In der Küche tauschen sich die beiden Schwestern über Rezepte von früher aus, die sich kaum verändert haben. Zitrone, etwas Ei, Reis. Sensationell, was sie aus so wenigen Zutaten zaubern. Ich bleibe einfach sitzen und schalte meinen Kopf aus, als würde ich meditieren. Eine Pflaume, eine Feige und ein eiskaltes Stück Wassermelone, die mir Irini im Viertelstundentakt aus eigener Ernte serviert, reißen mich aus meinen Tagträumen. Es ist wie im Schlaraffenland, das Obst schmeckt saftig und süß. Nicht mal die Zitronen vom Baum sind hier sauer. Ich könnte ewig so sitzen bleiben und immer wieder etwas naschen, das für mich gepflückt wird. Die Gärtnerin reißt mich aber schließlich aus der Lethargie, nimmt mich an die Hand und führt mich ganz stolz herum. Die meisten Pflanzen hat sie selbst aus den Samen, die sie noch in der Herbstsonne getrocknet hat, gezogen. Hier wachsen Tomaten, Auberginen, Zucchini, Paprika und zwischen ganz vielen Kräutern, die lila, orange und weiß blühen, sitzt plötzlich ein Huhn. Irini schnappt es am Fuß und wirft es über den kaputten Zaun zurück zum Nachbarn, von wo es offenbar ausgebüxt ist. Eigene Tiere hat sie keine mehr; seit ihr Mann vor 30 Jahren gestorben ist, lebt sie wie eine Vegetarierin. Die wilden Gärten hier sehen ganz anders aus als in Harburg, ohne Sportrasen, Trampolin oder Schwimmteich. Hier geht es nicht um einen Wettbewerb für die nächste Bundesgartenschau oder mit dem Nachbarn, ein Garten hat hier eine wichtigere Funktion. Was im Boden wächst, muss vor allem gut riechen und schmecken. Die trockenen, breiten Erdrisse werden von Plastikschläuchen überdeckt. Chrissi guckt in der Gegend herum, stolpert und kann

sich gerade noch am Gerüst für die Kletterbohnen fest-
halten. Verdutzt schauen sich die beiden Schwestern
an und lachen los.

«Übst du schon für den Hochzeitstanz?», fragt Irini.

«Tango», antwortet meine Mutter.

Mehr bringt sie nicht raus.

Beide müssen sich von ihren Lachanfällen erst mal
im Schatten der Veranda erholen. Irini hat ihre kurzen,
grauen Haare wegen der Hitze unter einem Kopftuch
versteckt. Auch Chrissi schützt ihr frischgetöntes Haar,
sie hat sich eine Baseballmütze von John Deere aus
dem Gewächshaus übergezogen. So sitzen sie sich gegenüber und diskutieren über den schwierigen Kampf
gegen Blattläuse und die besten Bewässerungstechni-
ken. Dabei hat Chrissi noch nie einen eigenen Garten
besessen – aber immer guten Rat. Ich will sie lieber mal
allein lassen, vielleicht wechseln sie dann auch mal das
Thema. Wenn Mama nicht mitkommt, mache ich eben
alleine einen Spaziergang durch das Dorf.

Mittags sind die Straßen hier leer, wirklich niemand
ist unterwegs, kein Kind auf dem Spielplatz zu sehen.
Nur ein paar Katzen scheuche ich auf.

Wie oft habe ich versucht, Mutti zu einer Rückkehr
nach Griechenland zu bewegen. Wenigstens mal für
drei Monate am Stück. Im Sonnenlicht baden und die
morschen Knochen aufwärmen, statt Angst zu haben
vor Glatteis oder Rollsplitt auf dem Weg zum Bus.

Einfach mal ein Huhn über den Zaun werfen oder eine Zitrone pflücken, statt nur das gleißende Licht vor dem Fernseher zu haben. Und man sieht es doch jetzt: Die Schwestern verstehen sich, als wären sie nie getrennt gewesen.

Aber mehr als ein paar Tage hält es Chrissi nicht aus. Hier im Süden schwärmt sie davon, wie schön sie es im Norden hat, wo sie uns die restlichen elf Monate damit in den Ohren liegt, wie sehr sie doch den Süden vermisst. Ach! Es gibt nicht viel mehr zu sehen als ein paar staubige Straßen, mehr oder weniger große Autos und ein paar malerisch in die Landschaft getupfte Olivenbäume auf einer kargen Berglandschaft. Trotzdem stelle ich mir gerne vor, dass der Ort schon zu Zeiten meines Großvaters in dieses Licht getaucht war, mein Onkel auf diesem Weg mit seinem Behelfsfußball rumkickte, mein Opa im größten Haus am Platz die einzige Zeitung des Ortes gelesen hat. Natürlich haben damals noch nicht so viele Autos rumgestanden, unter denen die Dorfkatzen jetzt in Schatten und Staub baden.

Keine sechs Stunden später ist meine Melancholie wie weggeblasen. Ich habe den traurigen, schwarzen Jumpsuit gegen ein dunkelblaues, enges Kleid ausgetauscht, das ich mit so einer Ahnung in den Koffer gepackt habe … Das ist so eine Art Berufskrankheit: Wenn eine große Veranstaltung bevorsteht, die ich moderieren soll, mache ich mir Tage vorher Gedanken, was ich anziehen werde, packe aber immer vorsichtshalber noch ein zweites Outfit mit ein. Ich könnte mich ja zum Beispiel vollkleckern … Und dieses zweite Outfit wird ES dann meist. Mit meinem Navy-Look gehöre ich definitiv zu den konservativeren Hochzeitsgästen, die ansonsten eine Mischung tragen aus viel Haut und grellen Farben. Vor der Kirche sieht es so aus, als würden Cheerleader das Hochzeitspaar anfeuern.

«Man sieht ja ihren Po», kommentiert Onkel Jannis das knappe Kleid einer Freundin der Familie.

Für einen Augenblick wird er wieder zu einem jungen Mann, ohne Sorgen, Diabetes oder Arthrose.

«Schämen sollte sie sich, damit in die Kirche zu gehen», legt er – um Jahre gealtert – nach und erinnert mich an seine verantwortungsvolle Rolle als aktives Mitglied der orthodoxen Gemeinde.

«Und dann diese Farbe!»

Der schmale Streifen ist pink.

Nachdem Chrissi und ich alle engeren Verwandten begrüßt und bespuckt haben, fährt das Brautpaar in einem älteren Hyundai vor, ganz in Weiß. Eleni, die Braut und jüngste Tochter meiner Lieblingscousine Litsa, ist wunderschön. Ihr Haar ist hochgesteckt, eine ganze Wildblumen-Wiese wurde darin verarbeitet. Die Maskenbildnerin hat für das Make-up erdige, sanfte Farbtöne eingesetzt. Alles ohne Gedöns. Auch der dunkelblaue Leinenanzug ihres Ehemannes wirkt lässig.

«Hast du gesehen, wie alt er aussieht?», empfiehlt sich mein Onkelchen mit einer letzten Lästerei vor der Kirche und verschwindet in dem historischen Gebäude, wo er lammfromm dem Popen bei seinen Psalmen assistiert. Wir folgen ihm in das kühle Gemäuer und nehmen im hinteren Teil auf einer harten Holzbank Platz. Entweder erschaudere ich wegen der kühlen 25 Grad – oder es liegt an der beeindruckenden Kulisse. Normalerweise bin ich in der griechischen Kirche immer ganz entspannt, weil mein einziger aktiver Beitrag das «Vaterunser» sein wird. Für den Gesang sorgt hier nicht die Gemeinde, sondern der Pope mit seinen Psalmisten. Ich muss zugeben, ich verstehe das Gebrabbel vom Altar nicht wirklich, aber es hat etwas Beruhigendes. Auch weil mich hier, in diesem Raum, die vielen Heiligenbilder und Ikonen beschützen. Irgendeiner von ihnen wird schon auf mich aufpassen, denke ich mir.

Die Kirche hat sich wenig verändert, alle Rituale werden immer drei Mal ausgeführt, der Dreifaltigkeit Gottes wegen. Das Stilmittel der Wiederholung wird also sowohl im Glauben als auch im Aberglauben auf die Spitze getrieben. Anders als in Deutschland besteht die Eheschließung hier aus zwei Teilen und beginnt mit der Verlobung. Chrissi sagte dazu mal: Da haben wir zwei Mucken mit einer Fliege geklatscht. Dafür werden die Ringe gesegnet und dreimal gewechselt, was – ta daaa – die Dreifaltigkeit symbolisiert. Sie werden dann auf die rechte Hand von Braut und Bräutigam gesteckt. Im Anschluss daran erfolgt die Krönung. Dazu muss der Trauzeuge die beiden Kronen (ta Stefana), in unserem Fall zwei Blumenkränze, die mit einem weißen Band verbunden sind, über den Köpfen des Brautpaares dreimal überkreuzen und ihnen schließlich auf die Köpfe legen. Die ersten Sekunden, in denen das Brautpaar «aneinandergekettet» ist, sind für sie stets eine große Herausforderung. Gemeinsam mit dem Popen müssen sie den Altar umrunden, drei Mal natürlich, ohne sich dabei die Blumenkränze vom Kopf zu ziehen. So was geht nur Schritt für Schritt. Anschließend segnet der Pope die Eheringe, die die Koumbara (Trauzeugin) oder der Koumbaro (Trauzeuge) danach drei Mal zwischen dem Brautpaar vor und zurück führt, was ein Symbol für die ewige Verbundenheit ist. Abschließend wird der Wein, der das Blut Christi darstellt, im Weinkelch gesegnet. Von diesem trinken der Pfarrer, der Bräutigam, die Braut und der Trauzeuge jeweils einen Schluck. Danach stecken sich Braut und Bräutigam die Ringe an die linke Hand. Denn die alten Griechen glaubten, dass eine Vene vom linken Ringfinger direkt zum Herzen führt. Das Herz steht also für das Zentrum der Liebe und der Ringfinger damit für den einzigen Finger, der quasi über eine Direktverbindung zum Herzen verfügt. Am Ausgang bekommen alle Gäste kleine Säckchen mit Boubounieres überreicht, das sind gezuckerte Mandeln. Auf der Fahrt zur Hochzeitsfeier erklärt mir Chrissi ihre Bedeutung:

«So schmeckt Ehe», sagt sie und begutachtet eine Mandel von jeder Seite, bevor sie sie langsam auf ihre Zunge legt und den Geschmack voll auskostet.

«Es gibt Momente süß, aber auch bitter.»

«Muss man mal probiert haben», denke ich und greife in Mamas Säckchen.

«Mich erinnert der Geschmack eher an unsere Schokolinsen im Kiosk.»

«Rosa oder weiß?»

«Kein Unterschied, geschmacklich.»

«Aber Boubounieres schmecken nix wie Pfefferminze, das ist Unterschied!»

Unsere Synapsen haben die Zeremonie unbeschadet überstanden, jetzt steht die nächste Herausforderung an: Die eigentliche Feier in der kleinen Halle, die in den Sommermonaten jedes Wochenende ausgebucht ist. Unter der Woche könnten hier Kartons lagern oder Autos parken, alles ist ganz schlicht gehalten und lässt keinen genauen Zweck erahnen. Von der Decke hängen dicke Boxen, was dem Ganzen doch den Charakter einer Großraumdisco gibt. Auf den Tischen stehen Blumenvasen, die unverputzten Wände sind mit Luftballons und weißen Schleifen geschmückt. Die Brautmutter führt uns zu unseren Plätzen, wir dürfen neben Onkelchen und Tantchen sitzen. Eine Band spielt bereits griechische Musik mit Bouzouki und Gitarre, melancholische Melodien wie in den dreißiger Jahren im Hafen von Piräus oder Thessaloniki. Richtig laut wird es im Saal erst, als das Brautpaar durch die Tür kommt. Alle stehen auf, klatschen und blockieren demonstrativ die Rettungsgasse zur Bühne. Eleni wedelt wild mit ihrem Blumenstrauß, umkurvt dabei sämtliche Hindernisse (Knie, Kinder und Blumenkübel) und tänzelt so ganz langsam durch die bunte Gesellschaft in Richtung Band. Kurz danach wird der Bräutigam ähnlich stürmisch begrüßt. Auch er muss sich durch die Menge kämpfen, erreicht schließlich die Bühne, blickt seiner Frau tief in die Augen und eröffnet den Abend mit ihr und dem Hochzeitstanz. Nach kurzem Applaus setzen sich beide wieder und beginnen mit dem Abendessen.

Es gibt davor keine Reden (es gibt überhaupt keine Reden), keine Gedichte und auch keine Spielchen. Nur ein paar leckere Mezedes, also ganz normale griechische Vorspeisen wie Tzatziki, Auberginensalat, Tarama und Choriatiki, einen einfachen Bauernsalat. Das Hauptgericht besteht aus Souvlaki, zwei kleinen Frikadellen, ganz Unersättliche bekommen noch ein Stück Huhn, dazu gibt es Pommes und Kritharaki, griechische Nudeln in Tomatensoße, die wie Reis aussehen. Alles stinknormal, keinen Schnickschnack also und auch keine Frage nach Glutenunverträglichkeit. Ein ganz einfaches Essen in großer Runde bei lautem Geplauder, wie schön.

«Zum Wohl auf das Brautpaar – Ja mas!!», prostet Onkelchen in unsere Richtung.

«Mit Cola?», fragt Chrissi ihren Bruder.

«Cola mit Weißwein», korrigiert er und erinnert sie daran, dass diese leicht bekömmliche Mischung bei seinem Bluthochdruck und der Diabetes geboten ist.

Der Cocktail scheint zu wirken: Nach dem Essen stehen alle auf, schieben die Tische zur Seite und bilden in der Mitte des Saals einen großen Kreis. Jeder nimmt die Menschen zu seiner Linken und Rechten bei der Hand. Die Omas haben hier genauso viel Taktgefühl wie ihre Enkel, die Schrittfolgen wirken immer elegant, egal ob sie in Hotpants oder Bundfaltenhosen ausgeführt werden, ob in Turnschuhen oder Lederstiefeln, das Äußere spielt keine Rolle. Alle drehen sich im Kreis um das Brautpaar und haben einen harmonischen, ausgelassenen Abend. Nur wenn die Band mal eine Pause macht, erfrischen sich alle. Auch Chrissi geht zurück an unseren Tisch und trinkt ein Glas Wasser.

«Gleich wieder eine Runde Wassergymnastik?», versuche ich sie zu ärgern. In Hamburg verweigert sie nämlich jeden Sport, seit Jahren.

Sie lacht ihren Bruder an, der sich mit einem Taschentuch den Schweiß von der Stirn wischt. Auch er scheint sonst keinen Sport zu machen.

«Schwimmbad kaputt in Harburg», erklärt sie ihre zweijährige Zwangspause, dabei fühlte sie sich am Warmbadetag immer fast so wohl wie im Mittelmeer.

Und dann tanzen wir noch ein paar Runden.

Irgendwann spät am Abend setzt sich die Braut zu uns, um sich zu bedanken. Sie sei ganz gerührt, dass wir den weiten Weg auf uns genommen haben. Während sie von ihren Plänen erzählt, im Dorf ein Haus zu bauen, entdecke ich unter ihren Schuhen ganz viele Namen, die mit Kugelschreiber auf die Sohlen geschrieben sind.

Neugierig frage ich, was es damit auf sich hat.

«Kennst du nicht?», fragt die Braut ganz ungläubig.

«Nein, das habe ich noch nie gesehen», gebe ich zu.

Eleni erklärt mir, dass es sich um einen Brauch handelt: Bevor die Braut das Haus verlässt, werden die Namen ihrer unverheirateten Freundinnen auf ihre Schuhsohlen geschrieben. Der Name, der am Ende der Feier noch lesbar ist, wird als Nächstes unter die Haube kommen (bzw. seine Trägerin), so der Brauch.

Onkelchen wirft noch eine Tablette ein, damit er auch von der Hochzeitstorte probieren kann. Dann gibt es einen dumpfen Schlag.

Ich bekomme einen Riesenschreck und suche den Raum mit meinen Blicken nach Chrissi ab. Sie sitzt mir schräg gegenüber, haut sich vor Lachen auf die Schenkel und zeigt auf einen dicken Mann mit Glasflaschen, der das Feuerwerk auf der Tanzfläche zündet. Chinaböller und Leuchtraketen sind mir bis zu diesem Moment auch noch nicht in einem geschlossenen Raum begegnet, aber ich lerne ja gerade viele neue Bräuche und Rituale kennen. Danach ist die Tanzfläche schwarz, wird aber wieder blank getanzt. (Man kann sich nach dieser Sauerei gar nicht vorstellen, dass man noch irgendwas unter einer Schuhsohle erkennen kann.)

Eine alte Familientradition ist auch, um Mitternacht aufzubrechen, zumindest Chrissi und ich. Meine Mutter zieht sich ihre schwarze Strickjacke über, dreht sich am Ausgang noch einmal um, schaut zufrieden auf die Tanzfläche und nickt zum Abschied allen wohlwollend zu. Dann hakt sie sich bei mir ein, und wir gehen über den holprigen Weg zum Auto.

KAPITEL 12

LETZTER ZUG

Wie ist es, besoffen zu sein?»

«Schrecklich», antworte ich und drehe mich noch mal um.

«Zumindest am nächsten Tag.»

Ich reibe mir die Augen und suche mein Handy. Tatsächlich ist es schon acht Uhr auf meinem Display, in meinem Körper fühlt sich der Tag noch viel früher an.

Chrissi sitzt in ihrem Nachthemd bereits auf der Bettkante und ist scheinbar schon etwas länger wach. Ihre Tasche ist gepackt. Sie will unbedingt noch ihre Schwester sehen, die nicht auf der Feier war.

«Was passiert denn, wenn du bist betrunken?» Mama kichert wie ein 14-jähriges Mädchen, während sie mich zum Aufstehen zu bewegen versucht.

«Vielleicht sollten wir jetzt frühstücken, den Tag genießen und heute Abend dann …»

Tatsächlich war Chrissi in ihrem ganzen Leben noch nie betrunken, hat also über 80 Jahre nüchtern ausgehalten. Für die zurückliegenden 40 Lebensjahre kann ich das bezeugen. Und so naiv, wie sie über Alkohol und seine Folgen spricht, nehme ich ihr das auch für die Zeit der Pubertät ab. Ich selbst habe auf der Hochzeit vielleicht zwei Gläser Weißwein getrunken. Ein Glas mehr, und es geht mir am nächsten Tag schon richtig dreckig. Bei Rotwein reicht sogar ein Glas aus, damit ich direkt am Tisch einschlafe. Meine Droge ist Kaffee! Tante Irini schenkt mir noch eine Tasse ein, die beiden Schwestern grinsen sich verschwörerisch an, sie hat auch bei uns im Hotel übernachtet. Spätestens am Nachmittag halte ich schon wieder einen eiskalten Frappé in der Hand, vielleicht bekomme ich unterwegs auch noch einen Espresso!

Zwei Stunden später sitzen wir bei der Braut-Familie auf dem Cord-Sofa. Der engere Freundeskreis meiner Cousine Litsa sieht noch ziemlich müde aus, die letzten Gäste sind um vier Uhr morgens gegangen. Heute tragen sie nur noch Shorts und T-Shirts oder knappe Sommerkleider ohne Make-up und falsche Wimpern und pendeln zwischen Couch und Balkon. Fast alle rauchen, auch die Frauen. Vielleicht haben sie deshalb alle so angenehme, tiefe Stimmen. Obwohl sie ihre

Männer die ganze Zeit bedienen, wirken griechische Frauen auf mich sehr selbstbewusst und souverän. Und meine Cousine hat einen großartigen Humor! «Wollen wir nicht mit Chrissi ans Meer fahren? Ich habe extra eine Bank überfallen, um mir die Krampfadern operieren zu lassen.» Tatsächlich musste meine Cousine für die Entfernung einer verstopften Arterie 3800 Euro zahlen. Einen Zuschuss von der Krankenkasse gab es nicht, weil der Rechnungsbetrag «zu hoch» war. Krankenkassen erstatten nur kleinere Beträge, auch bei Rentnern. Litsa war, wie auch ihr Mann, Lehrerin; die monatliche Rente reicht gerade so zum Überleben. Zum Glück birgt auch ihr Garten eine reiche Ernte.

Für die Fahrt nach Thessaloniki gibt sie uns noch zwei Gurken und einen Beutel Tomaten mit und bedankt sich für unser Geschenk.

«Eine Frage noch», flüstere ich Cousinchen zum Abschied ins Ohr.

«Wie geht es Tante Stavroula? Hast du was gehört?»

«Warte kurz, ruf doch Niko an!»

Sie schickt mir die aktuellen Kontaktdaten von Tante Stavroulas Sohn über WhatsApp, ich lege Niko als Kontakt an.

«Warte aber noch eine Stunde, er schläft bestimmt noch», schiebt sie mit einem Lächeln hinterher.

So lange halten wir es nicht aus. Auf dem Weg zum Auto weihe ich Mama in meinen Plan ein. Den Rückflug nach Deutschland habe ich längst von Kalamata nach Thessaloniki umgebucht, weil ich meiner Mutter, nach einem vermutlich sehr emotionalen Wiedersehen, keine achtstündige Autofahrt zumuten möchte. Niko war die letzte Person, die wir zusammen mit Chrissis Schwester getroffen hatten. Das ist aber auch schon wieder mindestens fünf Jahre her. Damals wohnte er mit immerhin schon Mitte fünfzig wieder bei seiner Mutter. In der Krise waren viele Kinder wieder zu ihren Eltern gezogen, weil sie sich eine eigene Wohnung nicht mehr leisten konnten. Niko ist jetzt unsere einzige Kontaktperson, die zwischen den Schwestern vermitteln könnte, sollte meine Tante noch am Leben sein. Auf der Hochzeit wollte Chrissi das Thema von sich aus nicht ansprechen. Mein Verdacht ist auch, dass sie es tunlichst vermieden hat, dass das Gespräch überhaupt darauf hätte kommen können. Na ja. Kaum sitzen wir im Auto, versuche ich es mit der ersten Kontaktaufnahme seit Jahren. Freizeichen. Es klingelt vier Mal.

«Hallo?», höre ich eine tiefe, tatsächlich etwas verschlafene Stimme.

«Hi, Niko, ich bin es, Linda, aus Deutschland.»

«Hallo Linda.»

Niko war noch nie der Typ für große Emotionen, er ist ein ruhiger Charakter, eher pragmatisch veranlagt.

«Also gut», sage ich etwas irritiert, der unkomplizierte Gesprächsauftakt und der gespannte Blick meiner Mutter auf dem Beifahrersitz lenken mich ab.

«Meine Mutter, also deine Tante und ich, wir sind ja

gerade auf der Hochzeit von Eleni gewesen und reisen übermorgen wieder zurück nach Hamburg ... und da wollte ich wissen ... hörst du uns noch?»

«Ja, sehr guter Empfang.»

«Also ich wollte wissen, ob wir Tante Stavroula, äh, vielleicht besuchen können, wenn sie gerade Zeit hat, überhaupt ... ähm, wenn sie da ist, also, sie lebt doch noch, oder?»

«Ja, klar lebt sie, die alte Dame. Nur Tennis spielt sie nicht mehr.»

«Wie schön!»

«Um 22 Uhr geht sie ins Bett, kommt also gerne vorher vorbei.»

Den letzten Satz verstehe ich kaum noch, weil Chrissi vor Freude schreit, als wäre sie von einer Wespe gestochen worden. Sie schlägt mit beiden Händen auf das heiße Armaturenbrett.

«Sie lebt? Meine Schwester lebt! Ich will sie sehen.»

Freudentränen schießen ihr in die Augen. Sie schluckt ihre Vorfreude herunter, schmatzt dabei aufgeregt und klammert sich ganz fest an den Handgriff unter dem Dach unseres kleinen Mietwagens. Ich rufe Niko noch mal von unterwegs an und frage kurz nach, wo wir uns treffen sollen. Wir verabreden uns in drei Stunden in der Wohnung, laut Navi haben wir eine gute halbe Stunde Puffer. Ich habe Angst vor der Begegnung und versuche mich etwas abzulenken, indem ich Chrissi in ein Gespräch verwickele. Sie würde sonst bis zur Ankunft schweigen, so angespannt ist sie.

«War Tante Stavroula eigentlich auch nie besoffen?»,
will ich wissen.

«Erster Ouzo mit zehn.»

Oha, denke ich mir. Das ging ja früh los. Was aber
daran lag, dass Opa Kostas tatsächlich selber Ouzo gebrannt hat, was auf dem Land damals ganz normal war.

«Hier kann jeder Öl und Wein», klärt mich Chrissi
auf der Schnellstraße auf und zeigt auf die Olivenhaine, an denen wir vorbeirauschen. Die Bauern nutzen
das wenige fruchtbare Land für einen gemischten Anbau von Getreide, Oliven und auch für Wein.

Wenn die Trauben im Herbst reif waren, mussten
sich die Geschwister die Füße waschen. Die Früchte
kamen in ein großes Holzfass, in das Chrissi, Stavroula,
Irini und Jannis hineinsprangen und dann stundenlang Matsch stampften. Kostas erklärte den Kindern,
dass der menschliche Fuß zwar stark genug sei, um die
Frucht zu zerdrücken, aber nicht so hart, dass dabei
der Traubenkern aufplatzt.

«Hast du schon mal auf einem Traubenkern gekaut?»,
fragt mich Chrissi während ihrer Erzählung.

«Schmeckt sehr bitter», antworte ich und verziehe
dabei mein Gesicht, als hätte ich in eine Zitrone ge-
bissen.

«Siehst du!»

Dieser Bitterstoff hatte nichts zu suchen in Opas Ou-
zo-Produktion. Chrissi erklärt mir wie ein staatlich an-
erkannter Ouzo-Sommelier, dass danach quasi die ganze Traube gebrannt wurde. Die Maische, die nach dem

Zerstampfen und Pressen der Trauben für den eigenen Wein übrig blieb, wurde in einem Kupfertopf über der Feuerstelle gekocht. Dieser Brand wurde anschließend mit Anis und anderen getrockneten Wildkräutern aus der Gegend versetzt und danach mehrfach destilliert. Schließlich wurde das Destillat noch mit Wasser vermischt und das Ganze mehrere Wochen gelagert. Fertig war Kostas' selbstgemachter Ouzo. Die Zahl der Flaschen aus eigener Ernte war übersichtlich und reichte nur für homöopathischen Genuss.

«Sie haben Ihr Ziel erreicht.»

Im Wagen ist nur noch die Stimme des Navigationsgeräts zu hören. Chrissi und ich schauen von unserem Parkplatz schweigend auf das gegenüberliegende Wohnhaus. Im Erdgeschoss sind die verbeulten Rollläden der Geschäfte geschlossen. Es sieht gespenstisch aus. Im Nachbarhaus blinkt dagegen Festbeleuchtung, und man hört die Musik bis zu unserem Auto. Der chinesische Besitzer hat noch zusätzliche LED-Lichterketten im Schaufenster installiert und zahlreiche Sonderangebote auf Displays ausgestellt. In einem der vielen Lichtkegel erkennen wir Niko, der im Hauseingang lehnt und eine raucht.

Es ist noch immer derselbe Eingang, durch den Stavroula als 17-Jährige das erste Mal in ihr neues Leben trat. Damals war sie mit ihrem Mann Vassili vom Dorf ihrer Eltern in die erste Wohnung nach Thessaloniki gezogen. Meine Mutter kennt den Ort noch gut, war es doch auch für sie der Anfang ihres Abenteuers in

Thessaloniki. Nun, mehr als 60 Jahre später, ist Chrissi genauso aufgeregt wie damals.

Niko freut sich zunächst uns zu sehen, bleibt aber ansonsten etwas lethargisch, als hätten wir ihn letzte Woche schon getroffen. Mein Cousin ist inzwischen 61 Jahre alt und arbeitet seit Jahren in einer Textil-Druckerei. Seine Hände sind deshalb bunt verziert mit Farbresten. Sein Kopf sieht auch aus wie gemalt, die Haare wirken etwas zu dunkel, um noch als natürlich durchgehen zu können. Auf dem Weg in den zweiten Stock erklärt er uns, dass er die Haar-Zwischenräume einfach mit schwarzer Farbe ausgefüllt hätte, genauer gesagt mit Schuhcreme. Also kam überall da, wo ein wenig Glatze durch das feine Haar schimmerte, Farbe drauf. Im Sommer erreichte diese Methode aber ihre Grenzen: Wenn es zu heiß wurde, zerlief die Farbe, das Kunstwerk auf dem Kopf verflüssigte sich nach und nach und hing irgendwann in seinen Augenbrauen fest, was ihn wie einen Fantasy-Darsteller aussehen ließ. Niko lebt also immer noch bei Tante Stavroula, die einzige Frau an seiner Seite, um die er sich sehr liebevoll kümmert. In dem Moment, wo er die Wohnungstür im zweiten Stock aufschließt, hören wir Tante Stavroulas Stimmchen.

«Niiikooooo, bist du es?»

Es ist für uns wie eine Zeitreise, denn hier sieht es noch immer wie früher aus. Die Küchenmöbel, die Einrichtung des Wohnzimmers, die Toilette im Hausflur. Alles ist sehr sauber. Tante Stavroula wirkt äußerlich wie immer. Sie trägt ein dunkles Nachthemd und darüber eine leichte Baumwoll-Strickjacke. Ihr immer noch kurzes dunkles Haar sieht kräftig aus. Gerade im direkten Vergleich zu Niko. Seit ihr Mann Vassili vor 30 Jahren an Magenkrebs gestorben ist, trägt sie fast nur noch Schwarz.

«Gut siehst du aus, Chrissi, mein Schwesterchen», sagt sie und nimmt meine Mutter in den Arm. Niko scheint sie auf unseren Besuch vorbereitet zu haben.

Ftou, ftou, ftou.

Ich bin erleichtert, dass sie noch so fit aussieht, hatte ich doch mit dem Schlimmsten gerechnet.

Stavroula scheint es gutzugehen, denke ich und nehme Platz auf dem Sofa. Niko reicht Pita und kaltes Wasser, die Mädchen reden über die Schule und eine Hochzeit, bei der sie von einem Bienenschwarm verfolgt wurden. Beide kichern wie kleine Kinder vor dem Fernseher, während sie in ihren Köpfen Bilder von früher abgleichen.

«Und wer ist diese attraktive Dame da?», fragt Stavroula plötzlich Mama und zeigt auf mich.

«Linda ist doch meine Tochter», lacht Chrissi.

«Eine Tochter? Du hast eine Tochter?»

Wir schauen alle etwas betreten zu Boden. Geschichten von ganz früher scheinen für meine Tante sicheres Terrain zu sein. Niko hilft seiner Mutter irgendwann aus dem Sessel und bringt erst sie in ihr Schlafzimmer, dann uns zur Tür.

«Sie ist wie ein kleines Kind. Sie hat ihr Gedächtnis irgendwo abgelegt und findet es nicht wieder. Wie eine Brille, die man im Haar stecken hat und verzweifelt sucht.»

Chrissi wischt sich ein paar Tränen von den Wangen.

«Aber es ist schön zu sehen, wie du dich um sie kümmerst», versuche ich, etwas für die Stimmung zu tun.

«Efcharisto.»

«Danke, tschüs!»

«Und wer war eigentlich dieser attraktive Herr», fragt Chrissi, dreht sich im Treppenhaus noch mal um und lacht laut los. Niko muss uns gehört haben, lacht auch, kommt uns auf der Treppe noch mal hinterher und drückt seine Tante ganz fest.

Wir schauen auch aus dem Auto noch mal hoch: Niko steht noch immer im Treppenhaus und winkt uns hinterher.

PROTOKOLL

Liebe Linda, sehe dich gerade im Fernsehen, und da ist mir eingefallen, dass ich dich dringend sprechen muss. Wann kann ich dich erreichen? Gruß Anna.» Ich schreibe ihr eine SMS, dass es zwischen 11 und 12 Uhr passt. Mmh, was kann sie nur von mir wollen? Anna ist eine Freundin, die ich lange nicht mehr gesehen habe. Inzwischen arbeitet sie als Sprecherin für Frank-Walter Steinmeier. Ich verdränge die Frage erst einmal, gehe über zur Tagesform und berichte während der Nachrichten im Morgenmagazin von den Hotspots dieser Welt. Am Ende meiner Schicht stehe ich am Waschbecken des Maskenraums, schaue in den Spiegel und kratze mir die Schminke vom Gesicht. Schicht für Schicht läuft die braune Soße ins

Becken, und darunter kommt langsam die kalkige, müde Linda zum Vorschein. Mein Kopf beschäftigt sich mit A-N-N-A, während ich vom Hof fahre. So sagt man hier dazu, wenn Kolleg*innen mit dem Auto oder Fahrrad vom NDR-Gelände rollen. Ich bin wahnsinnigerweise mit dem Fahrrad zur Schicht gefahren und frage mich gerade, was mich heute früh um 4 Uhr 05 dazu getrieben hat, nicht das Auto zu nehmen. Vermutlich die 21 Grad, die mir das Thermometer auf meinem Handy für Hamburg angezeigt hatte. Solche Nächte sind bei uns rar. Der Schlafmangel lässt mich wie durch Watte fahren. Ich habe kein Gespür mehr dafür, wie schnell ich vorankomme. Vielleicht werde ich gleich von einem Fahrrad-Polizisten angehalten, die im Sommer vermehrt unterwegs sind, selbstverständlich mit Helm. Er wird mich darauf hinweisen, dass ich zu langsam fahre, und sich wundern, dass ich in meinem Zeitlupentempo nicht schon längst von meinem Fahrrad gefallen bin. So ist es bei mir immer, wenn ich aus der Früh- oder Nachtschicht komme. Selbst wenn ich mich ganz doll zusammenreiße, kann ein gewöhnlicher Einkauf, für den ich normalerweise 20 Minuten brauche, sich auf zwei Stunden ausdehnen. Ich bewege mich dann wie ein Astronaut durch Zeit und Raum, nur ist mir das Gefühl dafür eigentlich abhandengekommen. Mit anderen Worten: Ich bin schön verpeilt.

Als ich meine Mails checke, läuft es mir kalt über den Rücken. Nach der MoMa-Sendung hat mir unsere

Redaktionssekretärin eine anonyme E-Mail weitergeleitet. Absender: «Tut nichts zur Sache.»

«Eben erklärt Ihre Griechin in der Tagesschau, dass das Abbilden von Personen bei einer Demonstration erlaubt sei. Kann mal jemand der Quotenfotze erklären, dass personenbezogene Aufnahmen nicht erlaubt sind … So seid ihr Journalisten eben, nichts auf der Pfanne und sich an den Schwachen vergreifen. Geht sterben.»

Eigentlich gehören solche Mails in den Papierkorb. In unserer Redaktion gehen sie nach juristischer Prüfung an die Staatsanwaltschaft. Damit ich die doofen und schönen Gedanken gut sortieren kann, habe ich auf meiner privaten Festplatte für solche Post inzwischen ein virtuelles Mahnmal der Schande eingerichtet. Nazis kommen in einen Ordner mit dem Namen 04_Holger_Hass. Der Ordner 03_Hugo_Herz hat deutlich mehr Zuwachs.

Endlich ruft Anna an und spricht durch die Watte zu mir. Ich höre, Steinmeier will nach Griechenland, mit mir, für drei Tage im Oktober. Vicky Leandros sei auch dabei. Ich muss schmunzeln und sehe uns schon gemeinsam auf einer Bühne stehen. Eurovision Song Contest. Wir singen für Griechenland. Greece twelve points. Wir kommen. Aber was will Frank-Walter Steinmeier dann von uns? Ich trinke meinen Filter-Kaffee hastig aus, während ich weiter mit Anna spreche, und komme langsam aus meinem Schlummermodus. Habe ich das richtig verstanden? Ich soll mit zum Staatsbesuch in Griechenland beim Präsidenten der Hellenischen Republik, Prokopis Pavlopoulos und seiner Frau Vlassia Pavlopoulou-Peltsemi. Jetzt bin ich platt. Anna fragt mich, ob ich vom 10. bis 12. Oktober Zeit dafür hätte, es wäre schön, wenn ich für das Protokoll im Laufe des Tages, spätestens aber morgen Bescheid geben könnte. Frank-Walter Steinmeier und seine Frau Elke Büdenbender würden sich sehr freuen, wenn ich sie bei ihrer Reise begleiten würde. Ja klar, denke ich und versichere ihr, mich spätestens bis morgen zu melden. Mein verrücktes Doppelleben: Eben noch mit Mama am Meer, ein kleiner Zwischenstopp in Deutschland, und schon bald fliege ich mit dem Staatsoberhaupt Deutschlands nach Hellas. Das war's mit dem Mittagsschlaf für heute. Ich bin zu aufgeregt. Tausend Fragen schießen mir durch den Kopf. Warum ich? Wer kommt noch mit? Was muss ich da machen? Was soll ich sagen? Was ziehe ich an? Bringe ich Geschenke mit? Wie komme ich hin? Etwa mit der Konrad-Adenauer? Und wie wieder zurück?

Am nächsten Tag melde ich mich bei Anna und sage ihr, dass ich mich wahnsinnig freue, dabei sein zu dürfen. Jetzt gibt's kein Zurück. Der Sommer wird heiß, bietet viel Ablenkung, aber kaum Abkühlung. In der Nacht vor dem 10. Oktober schlafe ich vor Aufregung so gut wie gar nicht. Was, wenn ich komplizierte politische

Sachverhalte kommentieren soll? Ich fahre mit dem Zug nach Berlin. Anschließend geht es weiter mit dem Taxi. Wir fahren zum militärischen Teil des Flughafens Berlin-Tegel. Der Taxifahrer lässt mich vor dem Pförtnerhäuschen raus, die Flughafenwache will meinen Ausweis sehen und weist mich vorsichtshalber noch mal darauf hin, dass «Fotos von sicherheitsrelevanten Einrichtungen untersagt sind». Jawohl. Verstanden.

In der Abfertigungshalle sieht es aus wie in einer Turnhalle mit Check-in-Schalter. Überhaupt wirkt alles sehr bescheiden, hier hat Glamour nix verloren. Mein Koffer wird mir abgenommen. Ich muss meinen Personalausweis vorlegen. Der BKA-Mitarbeiter vergleicht das Bild mit meinem Gesicht, lächelt, wünscht mir eine angenehme Reise und gibt mir meinen Perso zurück. Ich gehe durch die Schleuse und habe Gott sei Dank kein Übergepäck. Ein Mitarbeiter des Auswärtigen Amtes gibt mir einen Ausweis, eine Art Backstage-Pass, auf dem mein Name steht, mein Foto und der Bundesadler gedruckt sind. Er führt mich in eine Art VIP-Raum. Man nennt ihn den *Salon Bertolt Brecht*. Dort stehen gemütliche Ledersessel, ein Fernseher, Getränke, Kaffee und Kekse. Wenig später betritt Vicky Leandros den Raum, der die Bezeichnung VIP-Raum nun wirklich verdient hat. Ihre Haare sitzen perfekt, ihr Make-up ist vornehm dezent. Auf ihren zehn Zentimeter hohen Edel-Stiefeletten kommt sie wie ein echter Star daher. Dagegen fühle ich mich wie das mit viel Mühe zurechtgemachte Mädchen in Palomino-Klamotten. Vicky begrüßt mich freundlich und gibt zu, dass auch sie die Einladung des deutschen Staatsoberhauptes ein wenig gestresst habe.

Um uns herum wird es lauter, das scheint die Maschine zu sein, die jetzt in Position gebracht wird: ein weißes Flugzeug, darauf der Schriftzug «Bundesrepublik Deutschland». Ein Airbus, den die Luftwaffe vor allem für VIP-Transportflüge nutzt. Ich staune über den Platz, den wir haben. Selbst ein Sitz im hinteren Delegationsbereich entspricht einer ganzen Sitzreihe bei Ryanair. Vicky sitzt hinter mir, neben mir Journalisten. Ein Steward kommt vorbei und fragt uns, ob wir eine Kleinigkeit essen oder trinken wollen. Man habe jetzt neben Gin Tonic und Wodka übrigens auch Jägermeister an Bord! Ja, das wär's, einmal volllaufen lassen, bevor der Bundespräsident gleich vorbeischaut. Ich platze vor Aufregung und nehme ein schnelles Wasser. In den vorderen Teil scheint Steinmeier gerade mit seiner Frau einzusteigen. Nach dem Essen von echtem Porzellan – irgendwo über Ungarn – dürfen alle Journalisten in den vorderen Teil des Flugzeuges, um vorab die Stationen von Steinmeiers Athen-Aufenthalt durchzugehen. Vicky und ich bleiben bei den BKA-Mitarbeitern sitzen. 20 Minuten vor der Landung betreten Frank-Walter Steinmeier und seine Frau Elke Büdenbender unseren Flugzeugtrakt und stellen sich persönlich bei jedem Einzelnen von uns vor. Das Ganze ist so surreal. Wie oft habe ich in der Tagesschau über Steinmeier berichtet? Wie oft habe ich ihn vom Studio-Tresen aus auf seinen Reisen begleitet? Und nun steht das Staatsoberhaupt vor mir und schüttelt mir mit einem freundlichen Lächeln die Hand. Was soll ich sagen? Ich könnte jetzt auch direkt nach Hause fahren; ich würde schon genug zu erzählen haben.

In Athen wartet bereits eine große Wagenkolonne auf uns. Roter Teppich, Wind, Fotografen, Blaulicht, Händeschütteln, einsteigen in die Limousine und ab ins Hotel. Keine 20 Minuten später sind wir da, so eine Kolonnenfahrt mit Polizeieskorte kennt keinen Stau. Wow.

Der nächste Tag fängt früh an, Abfahrt vom Hotel ist für 8 Uhr 30 geplant. Der Staatsempfang beim griechischen Präsidenten steht an – und ich bin müde, konnte nicht schlafen. Der Verkehr in der Stadt wollte keine Pause einlegen. Autos fuhren die ganze Nacht am Syntagma-Platz vorbei, hupten. Autofahrer schimpften, hörten laut Musik, selbst meine heiß geliebten Ohropax-Stöpsel konnten den Lärm nicht von mir fernhalten. Entsprechend gerädert sehe ich aus. Hätte ich es mal wie Vicky gemacht, die sich ihre persönliche griechische Maskenbildnerin aufs Zimmer bestellt hat. Na ja. Ich gebe mir trotzdem redlich Mühe, was übersetzt so viel heißt wie: Frisch sieht anders aus. Die Wagenkolonne steht bereits vor dem Hotel. Wir fahren mit 70 Sachen durch die Athener Innenstadt und sind fünf

Minuten später da – am Athener Präsidentenpalais. Vicky und ich bekommen die Anweisung, uns direkt an den roten Teppich zu stellen. Steinmeier würde gleich kommen. Bevor der eigentliche Staatsbesuch beginnt, haben er und seine Frau das ehemalige Konzentrationslager Chaidari bei Athen besucht, wo die SS Zehntausende Häftlinge folterte und Tausende tötete. Die deutsche Besatzung im Zweiten Weltkrieg liegt schon ein Dreivierteljahrhundert zurück. Aber diese Vergangenheit ist immer da, wenn ein deutscher Staatsgast nach Griechenland kommt. Seit Jahrzehnten streiten beide Länder um Reparationen für die Zerstörungen der Kriegsjahre und die Gräueltaten der Besatzer. Dieses Thema würde gleich auch auf der Tagesordnung im Palast stehen, wenn Steinmeier gemeinsam mit Pavlopoulos und Regierungschef Tsipras zusammensitzt.

Wir bekommen von alldem nichts mit. Auf der Straße, die zum Palast führt, steht die griechische Ehrengarde. Die Evzonen, wie die Soldaten genannt werden, wurden von König Otto gegründet und ihre traditionelle Kleidung angeblich von seiner Frau Amalia entworfen. Sie besteht unter anderem aus der Fustanella, einem kurzen weißen Rock mit 400 Falten, einer bestickten Weste und einer Art Schürze aus Seidenstreifen. Die Falten im Rock stehen hier für die 400 Jahre andauernde Türkenherrschaft über Griechenland. Den Soldaten ist es eine Ehre, für die Leibgarde ausgewählt zu werden. Es werden nur die besten und angeblich hübschesten gefragt.

Als die Staatslimousine mit beiden Staatsoberhäuptern vorfährt und die griechische Nationalhymne erklingt, bekomme ich feuchte Augen. Ich muss an meine Mama denken, die jetzt in Harburg sitzt und wohl nicht ahnt, dass sie mich heute Abend mal in den griechischen Nachrichten sehen wird. Ich kann gerade auch nicht glauben, wo ich bin. Anna sagte zu mir, ich sei eingeladen worden, weil ich «eine Brücke zwischen Deutschland und Griechenland bin». Eine Harburger Deern, Tochter griechischer Gastarbeiter, steht nun in Athen und begleitet den deutschen Bundespräsidenten bei seinem Staatsbesuch in der griechischen Hauptstadt. Pavlopoulos gibt mir unbeeindruckt die Hand, er erkennt mich nicht. Als er vor Vicky tritt, fangen seine Augen an zu leuchten, er umarmt sie und gibt ihr Küsschen auf beide Wangen. Süß.

Den Rest des Tages verbringen wir mit First Lady Elke Büdenbender: in einem Kulturzentrum der Stavros-Niarchos-Stiftung, wo sieben junge Griechinnen und Griechen erzählen, dass sie sich unheimlich gekränkt fühlen, wenn in Deutschland über die Krise in Griechenland unter dem Stichwort «Faule Griechen» berichtet wird. Mich hat die Berichterstattung auch genervt (aber ich habe es mir nicht anmerken lassen).

Und in der Präsidentensuite von Elke Büdenbender, wohin nur griechische Powerfrauen geladen sind. Eine Richterin, eine Uni-Professorin, eine Psychotherapeutin und eine Managerin berichten, dass ihnen während der Krise 40 Prozent ihrer Gehälter gestrichen wurden. Das muss man sich mal vorstellen. Alle Frauen stimmen darin überein, dass unklar ist, wie es weitergehen soll. Es gäbe keine wirklichen Reformen. Die Familie sei der einzige Rückhalt. Das hört sich im ersten Moment nach einer gut funktionierenden familiären Infrastruktur an, ist aber in Wahrheit allzu oft wie die Geschichte meines Cousins Niko, der als Erwachsener zurück zu Tante Stavroula ziehen musste, weil er kein Geld mehr hatte, um seine Miete zu bezahlen. Die Erinnerung an den Besuch bei den beiden macht mich traurig. Die Richterin scheint meine Gedanken zu lesen und sagt: «Die Hoffnung stirbt zuletzt.»

Zwei Stunden später findet das Staatsbankett statt. Ich bin gedanklich noch beim Nachmittag und komme nicht damit klar, dass ich zwei Tage lang in eine griechische Märchenwelt tauchen darf, während die Probleme auf der Straße liegen. Ich ziehe mich um und fürchte mich vor dem, was kommt. Zweieinhalb Stunden können sehr lang sein, wenn man nicht weiß, wer der Sitznachbar ist und ob man die gleiche Wellenlänge hat. 80 Gäste sind geladen, darunter Dora Bakogianni, die ehemalige griechische Außenministerin, und der in diesem Moment amtierende Ministerpräsident Tsipras. Ich sitze neben einem früheren Botschafter, der unter anderem in Washington gelebt und gearbeitet hat. Ich weiß nicht wie, aber mit meinem nicht mehr ganz so üppigen Griechisch komme ich erstaunlich gut durch den Abend. Während der ersten, zweiten oder dritten Rede taucht die Reparationsfrage zwar auf, wird aber zum Glück nicht zum Hauptthema gemacht, wohingegen das Wort *Neubeginn* an diesem Abend Hochkonjunktur hat. Na also, geht doch. Auf die dritte Rede folgen vier Gänge, dazu Wein und Wasser, plaudern, Mund abtupfen, fertig. Ich bedanke mich bei meinem Sitznachbarn für den netten Abend und bin froh, dass ich nicht auf mein weißes Kleid gekleckert habe. Jetzt will ich einfach nur ins Bett. In der Hotellobby schlägt Vicky einen Absacker auf der Dachterrasse vor. «Tschüs, Schlaf», denke ich, aber auch: «Ach, was soll's.» Vicky erzählt von ihrer Zeit als Politikerin: 2006 wurde sie für die sozialdemokratische Pasok-Partei Vizebürgermeisterin von Piräus und Stadträtin für Kultur und internationale Beziehungen. Während ihrer Anfänge saß sie in ihrem Büro, wollte eine E-Mail schreiben und wurde von ihrer Sekretärin vorsichtig darauf hingewiesen, dass es keine Computer gab. Die habe ihr Vorgänger vernichten lassen oder verschenkt. Man habe ihr sehr viel Misstrauen entgegengebracht, weil sich keiner vorstellen konnte, dass sie wirklich etwas bewegen wollte. Sie nennt ein weiteres Beispiel. Vicky hatte die Idee, einen Weihnachtsmarkt in Piräus zu veranstalten. In Griechenland ist das eher unüblich. Sie habe sich die Finger wund telefoniert, aber am Ende hatte sie genügend Stände für ihren Markt. Zwei Tage vorher kam es zu einem Eklat, weil die Händler Angst hatten, dass Vicky ihr Wort nicht halten und mit der Standkohle durchbrennen würde. Das Misstrauen ihr gegenüber war so groß, dass sie sich nicht vorstellen konnten, dass die Politikerin nicht aus eigenem Interesse handelte, sondern für die Gemeinschaft. Der Weihnachtsmarkt wurde abgesagt.

Ich schaue mir die beleuchtete Akropolis noch mal an, proste Vicky zu und versuche, den Tag vor meinem inneren Auge passieren zu lassen, ohne dass er dabei wie ein Bollywood-Streifen wirkt.

Am nächsten Morgen schaffe ich es mit Mühe und Not, einen Kaffee zu bestellen, bevor man mich findet und darauf hinweist, dass die Kolonne sich in Kürze in Bewegung setzt. Nächster Halt Kalamata, 240 Kilometer entfernt. Da war ich doch gerade!

Kalamata ist die Geburtsstadt des griechischen Präsidenten Pavlopoulos. Nach eineinhalb Stunden fährt die Kolonne von der Autobahn ab, um neben einem griechischen Autohof Rast zu machen. So wie man das eben macht, wenn man länger mit dem Auto unterwegs ist. Der Bundespräsident bestellt sich einen griechischen Frappé im Plastikbecher und wird anschließend von Personenschützern zur Toilette begleitet. Ich bin unsicher, ob das herrlich normal oder unfassbar skurril ist, auf jeden Fall ist es real. Die Tankstelle ist nicht abgesperrt, es kommen permanent Lastwagenfahrer und ganz normale Menschen dazu, die entweder tanken oder sich etwas zu essen kaufen. In Kalamata angekommen, ist ein Kafenion direkt am Strand für uns reserviert, Pavlopoulos sieht so aus, als sei er öfter hier. Er begrüßt das Personal wie seine Familie. Die Delegation mit Getränken zu versorgen, klappt zunächst überhaupt nicht. In Deutschland würde jetzt Hektik ausbrechen, hier absolut nicht. Die Kellnerin, Anfang zwanzig, nimmt in aller Seelenruhe die Bestellungen auf und sagt einem der Mitarbeiter, dem der Service zu lahm ist, er solle sich nicht aufregen, davon würde der Kaffee auch nicht schneller fertig. Ich muss lachen und feiere die junge Frau innerlich. Das ist so typisch griechisch. Warum sollte man in Panik geraten, nur weil Staatsgäste im Café vorbeischauen? In Deutschland wäre dieser Besuch vermutlich schon Wochen vorher geprobt worden. Ach, Ellada. Die Getränke schaffen es leider nicht mehr rechtzeitig zu uns, wir müssen Steinmeier ins Rathaus begleiten, wo er zum Ehrenbürger Kalamatas ernannt wird. Es mag Zufall sein oder nicht, aber sein Besuch hier in Kalamata fällt auf ein historisches Datum. Am 12. Oktober 1944 verließen die Truppen der Wehrmacht Athen. Der Tag markiert damit das Ende der deutschen Besatzung Griechenlands. Steinmeier hört die Forderungen nach Reparationszahlungen auch an diesem Tag, geht aber nicht weiter darauf ein.

Anschließend fahren wir in die Berge der westlichen Peloponnes. Dort liegt die rund 2400 Jahre alte Ausgrabungsstätte der antiken Stadt Messini. Der Blick aufs Meer ist atemberaubend, und die Sonne brennt, sodass wir gar nicht anders können, als das große Theater, die alten Säulen des Brunnenhauses, die Überreste einer Basilika und einer Stadtmauer, die alten Tore und Tempelreste im Schritttempo anzuschauen. Und dann setzen sich die Staatsmänner einfach auf die Treppe des kleinen Theaters, und Vicky Leandros singt. Was für ein Aufenthalt.

Wieder in Berlin fahre ich mit dem ICE zurück nach Hamburg. Das Abteil ist überfüllt, hinter mir isst jemand einen Döner, drei Reihen vor mir wird ein Royal TS ausgepackt. Es stinkt. Ein Hoch auf die europäische Kultur. Neben den Elbbrücken halten wir lange und warten auf das Signal zur Einfahrt in den Hauptbahnhof. Neben uns fährt eine S-Bahn nach der anderen in Richtung Harburg. Dort hat für mich alles angefangen, da esse ich am liebsten Pita, und dort hat mir Mama ihr Leben in die Hand gedrückt. Weiß ich inzwischen mehr über meine Wurzeln, über unsere Familie, über mich? Ich weiß es nicht. Mamas kurzer Tanz auf den Brettern, die die Welt bedeuten, über den sie heute gar nicht mehr gerne spricht, unsere gemeinsame Reise und die Geschichten von früher, die inzwischen zu Legenden geworden sind, kommen mir eher vor wie die Teile eines Puzzles, dessen Rand gerade einmal fertig ist. Dazwischen sind immer wieder Lücken, man erkennt höchstens Teile eines Ganzen. Aber darin erkenne ich mich.

Würde mein Opa Kostas heute die Nase rümpfen,
wenn wir über Deutschland reden? Ich könnte ihn
jedenfalls gut verstehen, nachdem Soldaten der
Wehrmacht mit schweren Stiefeln durch die Kräu-
tergärten marschiert waren und ohne Rücksicht
ganze Dörfer angezündet haben. Ich erinnere mich,
dass meine Mama schon früher davon gesprochen
hat, keine Deutschen zu hassen. Nur die Nazis.
Und dafür gibt es viele Gründe.

Meinem Opa würde ich gerne zeigen, wie nett
meine Nachbarn zu unserer Familie sind, und ihn
in unser Wohnzimmer mitnehmen. So nennen wir
Pinakas, meinen Lieblingsladen in unserer Straße.
Sogar im nasskalten Hamburger Winter strahlt
das Restaurant Wärme und Geborgenheit aus. So-
bald ich die Tür öffne und den schwarzen, schweren
Vorhang im Gastraum zur Seite schiebe, taue ich auf.
Ein herzliches «Jasou», ein Küsschen auf die Wan-
ge und dabei gerne etwas Jammern. Der griechische
Dreiklang gehört zur Eröffnung eines Abends, und
meine Mama Chrissi hat mich darin zu einer Meis-
terin werden lassen. Giorgos, der Wirt, freut sich,
wenn er Griechisch reden kann. Ich mich auch. Die
Sprache ist für uns wie die Geheimtinte in den YPS-
Heften der achtziger Jahre. Sie gibt uns das Gefühl,
dass uns kein anderer versteht, und so können wir
auch ganz unbeschwert über die Macken der deut-
schen Gäste lästern, während sie zufrieden Bauern-
salat und Lammkeule essen. Giorgos serviert zuerst

immer warmes Brot aus dem Ofen, Olivenöl und dazu gerne kleine Vorspeisen wie Mangold an Zitrone. Zum Glück verzichtet er in seinem Restaurant auf die nachgebauten Götter, wie sie in den deutschen Akropolis-Stuben zur Standardeinrichtung gehören. Hier ist kein Platz für Kitsch. Manchmal stelle ich mir vor, dass dort ein Bild von Opa Kostas hängt und uns wohlwollend beim Essen betrachtet. Bestimmt ist er stolz darauf, dass seine Enkelkinder eine Schule besuchen können, so lange sie mögen. Ich würde ihm erklären, warum Mädchen UND Jungs in einem Klassenzimmer sitzen dürfen und neugierig Fragen stellen. Auch der deutsche Opa meiner Kinder hat das noch ganz anders erlebt. Er setzt sich gerne zu uns bei Pinakas, bestellt zu seiner Portion Tzatziki ein Weizenbier und erzählt dann auch Geschichten vom Krieg, die aus seinem Mund fast etwas Leichtes haben – er war einfach zu klein, um die Katastrophe als solche zu erfassen. Als der Krieg zu Ende war, war der deutsche Opa von den freundlichen Gesichtern der amerikanischen GIs überrascht. Sie hatten eine Kiste voller Süßigkeiten dabei. Der Krieg war wirklich vorbei, die Kinder konnten wieder draußen spielen und mussten nicht mehr jede Nacht in den Keller und um ihr Leben zittern. Und trotzdem konnte sich der kleine, hungrige Junge über das Geschenk der Amerikaner nicht freuen. Heulend drehte er sich um und lief zu seiner Mama zurück. Auf dem Karton stand in großen Buchstaben und in englischer Schrift das Wort «Gift».

Aber das ... ist wieder eine andere Geschichte.

Danke, Griechenland.

Linda Zervakis
Königin der Bunten Tüte
Geschichten aus dem Kiosk

So, wie Linda Zervakis heute in die
Wohnzimmer der Nation guckt, hat sie
früher aus dem Kiosk ihrer Eltern in
Hamburg-Harburg geschaut, in dem sie
bis zu ihrem dreißigsten Lebensjahr
jeden Sonntag stand. Was sie da gesehen
hat? Migranten, Arbeitslose und
«Leute, die zum Frühstück Kräuter-
schnaps bestellen». Und natürlich: gute,
herzliche Typen, die sich umeinander
kümmern und ihre «Reval ohne»,
Feuertöpfe und bunte Tüten seit zwanzig
Jahren bei der Familie Zervakis kaufen. Kioskromantik.

224 Seiten

Die Familie Zervakis hatte nicht viel Geld, Linda teilte sich mit ihren
beiden Brüdern ein Zimmer, ihre Eltern arbeiteten fünfzehn Stunden
am Tag, und der Kiosk war ein Ort, den Sozialhysteriker heute als
Brennpunkt bezeichnen würden. Aber Linda hatte Glück, eine gute
Schule, eine deutsche Tagesmutter und den festen Willen, nicht für
immer aus dem Büdchen zu schauen. Der Rest ist ihre Geschichte:
charmant, lustig, traurig und immer aus dem wirklich wahren Leben.

Weitere Informationen finden Sie unter **rowohlt.de**